0〜5歳児

春夏秋冬

環境づくり
すぐに使える378のアイディア

瀧川光治／著

はじめに

　この本は、いろいろな園の保育の環境づくりのアイディアや工夫について、「すぐに使える」「取り組みやすい」という視点からまとめた本です。『月刊 保育とカリキュラム』、2016年4月号から2019年3月号までの3年間に連載させていただいたものをまとめています。私自身、いろいろな保育現場にお伺いさせていただく中で、保育現場の知恵や工夫をどうにか残したい、他の保育現場や学生たちに伝えたいと思うことがたびたびありました。そこで、保育室内の環境や園庭やテラス、階段や踊り場等の様々な環境づくりの工夫を写真に撮って、研修や授業等で生かすようにしてきました。本書は、そのように撮りためた保育現場の知恵と工夫を基に構成されています。

　雑誌連載時に大事にしてきたことは、どこの園でもちょっとしたアイディアや工夫をまねしやすいようにすること、それぞれの保育環境のもつ意味を子どもの遊びの視点や保育所保育指針・幼稚園教育要領等と結び付けて意味づけることでした。そのため、本書でも「Good」として何が良いのか、「プチ・レク」として環境づくりをどのように考えれば良いのかを示しています。

【人・物・場がつながる環境づくりの視点】

　本書で取り上げてきた環境づくりの視点の主なものを取り上げると次のようになります。

- 遊びの拠点づくりとしての環境（遊びの場、子どもがつながる場としての環境）
- 見てすぐ分かる環境、遊びの見通しが立てやすい環境
- 遊びのきっかけが生まれる環境、思わず遊びたくなる環境
- 触れる、感じる、気付く環境、遊びの中で試したり、工夫したり、試行錯誤したりしながら、気付きや発見がたくさん生まれる環境
- 遊びの中でイメージが広がる環境、活動が豊かに展開される環境
- 遊びの中で子ども自身のこだわりが生まれたり、工夫したり、作り変えたり、創造していったりすることができる環境
- 保育者のねらいや教育的意図性が直接的に伝わりやすい環境
- 保育の意図を保護者や地域にも伝えていくための環境づくりの工夫

　このように環境づくりは、子ども自身の自発的な遊びが生まれ、主体的に遊びを進めていきながら、遊びが豊かになることを願って考えることが大切です。そのためには、既製品の玩具や遊具だけでなく、身近なものをちょっと工夫してみることも有効です。本書は、そのための実際の保育現場のアイディアや工夫をいろいろ紹介しました。とはいっても、環境づくりは子どもの遊びと切り離せないものです。子どもにとって思わず遊びたくなる環境、関わりたくなる環境があるから、遊びが始まります。そして遊んでいる中で、子ども自身がその環境をつくり変えていったり、保育者が子どもの様子を見ながら更に工夫を加えたりして、環境が再構成されていきます。そのため、本書で取り上げている写真には、子どもが実際に遊んでいる姿も織り交ぜています。

　最後になりましたが、写真を撮らせていただいた多くの園の皆さま、雑誌連載や本書の編集に携わっていただいたひかりのくに編集部の皆さまに感謝いたします。

　そして本書が少しでも多くの保育現場で生かされ、更なるアイディアや工夫が生まれることを願っております。

大阪総合保育大学　瀧川　光治

本書の特長と見方

特長 1　春夏秋冬の子どもの姿に応じた環境づくりが分かる!

季節ごとの章立てになっているので、その時季の子どもの姿に応じた環境づくりの工夫が分かります。環境づくりのポイントを年間で見通すことができます。

特長 2　すぐに使える378のアイディアを掲載!

身近な物を使うなど、どこの園でもまねできるちょっとした工夫やアイディアをたっぷり集めました。「Good」は、その環境づくりの意図や良さを示しています。一つの環境づくりの事例から、新たなアイディアを育むヒントにしてください。

#ごっこ　#自然

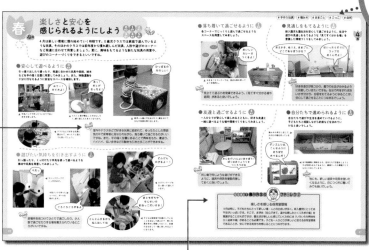

内容ページの右肩に、そのページに出てくる「遊びのキーワード」の項目が表示されています。

特長 3　瀧川先生の解説で、環境づくりへの理解が更に深まる!

「なるほど!　瀧川先生のプチ・レク!」では、各テーマにおける環境づくりについて、子どもの遊びの視点や、保育所保育指針・幼稚園教育要領・幼保連携型認定こども園教育・保育要領を踏まえた分かりやすい解説を入れています。環境づくりの理解が更に深まります。

#絵本

特長 4　「遊びのキーワード」索引で探せる!

遊びの種類で探したいときに役立つ「遊びのキーワード」索引を、目次と各章の扉に付けました!　環境づくりに困ったときの強い味方です。

CONTENTS

遊びのキーワード索引では、
#手作り玩具 #積み木 #ままごと #ごっこ
#製作 #絵本 #園庭 #自然 #砂・泥
#色水 #水 #光 #文字・数・形
の項目があります。これらの遊びに関連する環境づくりを
知りたいときに参考にしてください。

Chapter ③

Chapter ④
68 冬 一年間を振り返り、先を見通す

Chapter ① 春 Spring

保育は環境から

保育は「環境を通して行なう」ことが基本です。そこで、保育室の環境は「子どもの生活リズムを大切にし、健康、安全で情緒の安定した生活ができる環境」「自己を十分に発揮できる環境」がベースになり、子どもたちにとって「温かな親しみとくつろぎの場となるとともに、生き生きと活動できる場となる」ことが求められます。そのことによって、子どもたちが安心して自らが環境に関わり、自発的に活動することができるのです。

タイトルのキーワードや #遊びのキーワード から、
春の環境づくりに役立つヒントを見つけて遊びに反映させましょう。

春の #遊びのキーワード

手作り玩具

- 安心して遊べるように ⑩
- 遊びたい気持ちを引き出すように ⑩
- 保育者と一緒の安心感を感じられるように ⑫
- 遊び心がくすぐられるように ⑫
- 保育室の環境・場づくりの工夫 ⑬
- 遊び心がくすぐられるように ⑮

絵本

- 保育室の環境・場づくりの工夫 ⑬
- 安心感をもって安定して過ごせるように ⑭

積み木

- 自分たちで進められるように ⑪
- 遊び心がくすぐられるように ⑮
- やり取りを通してイメージを共有する ⑰
- 友達と一緒に工夫して楽しむ ⑰

製作

- 同じ場や物でつながる ⑯
- 友達と一緒に工夫して楽しむ ⑰

ままごと

- 落ち着いて過ごせるように ⑪
- 友達と過ごせるように ⑪
- 遊び心がくすぐられるように ⑫
- 子ども同士がつながるように ⑬
- 保育室の環境・場づくりの工夫 ⑬
- 安心感をもって安定して過ごせるように ⑭
- 遊び心がくすぐられるように ⑮

ごっこ

- 友達と過ごせるように ⑪
- 遊び心がくすぐられるように ⑮
- 同じ場や物でつながる ⑯
- やり取りを通してイメージを共有する ⑰
- 自然遊びが豊かになるように ⑱

園庭

- やり取りを通してイメージを共有する ⑰
- 友達と一緒に工夫して楽しむ ⑰
- 園庭で自然にふれられるように ⑱
- 自然遊びが豊かになるように ⑱
- 五感で楽しめるように ㉒
- こだわりをもって継続できるように ㉓
- ダイナミックに遊べるように ㉔
- 遊びのきっかけをつくる物や場 ㉔
- 砂や水の遊びが充実するように ㉕
- 子どもの気付きを引き出せるように ㉕

砂・泥

- 五感で楽しめるように ㉒
- 砂や水の遊びが充実するように ㉕
- 子どもの気付きを引き出せるように ㉕

光

- 遊びのきっかけをつくる物や場 ㉔

色水

- 遊び心がくすぐられるように ⑮
- 同じ場や物でつながる ⑯
- 自然遊びが豊かになるように ⑱
- 保育室で自然にふれられるように ⑲
- 五感で楽しめるように ㉒
- こだわりをもって継続できるように ㉓
- 気付きを表現し、確かめられるように ㉓

自然

- 自分たちで進められるように ⑪
- 子ども同士がつながるように ⑬
- 同じ場や物でつながる ⑯
- やり取りを通してイメージを共有する ⑰
- 園庭で自然にふれられるように ⑱
- 自然遊びが豊かになるように ⑱
- 保育室で自然にふれられるように ⑲
- 子どもたちと体験や気付きを共有できるように ⑲
- 五感で楽しめるように ㉒
- こだわりをもって継続できるように ㉓
- 気付きを表現し、確かめられるように ㉓
- 遊びのきっかけをつくる物や場 ㉔
- 子どもの気付きを引き出せるように ㉕

水

- 五感で楽しめるように ㉒
- こだわりをもって継続できるように ㉓
- 子どもの気付きを引き出せるように ㉕

楽しさと安心を感じられるようにしよう

0歳児 1歳児 2歳児 3歳児 4歳児 5歳児

4月は新しい環境に慣れ始めていく時期です。0歳児クラスでは家庭で遊んでいるような玩具、そのほかのクラスでは前年度から慣れ親しんだ玩具、人形や遊びのコーナーなど発達に合わせて用意しましょう。更に、興味をもてるような新たな玩具の用意や、遊びのコーナーづくりをできるといいですね。

● 安心して遊べるように 0歳児

引っ張り出したり握ったり、発達に合わせた玩具や楽器、絵本などを手の届く位置に用意してみましょう。また、移動運動を十分に行なえるように安全なスペースを確保します。

みてー！たてたよ！

▲ 牛乳パックで作ったつい立てで伝い歩きを促します。

あっ！おとがなったよ！

▲ たたくと音が鳴ることがおもしろく、繰り返したたきたくなります。

ひっぱるのたのしい！

▲ 段ボール箱に穴をあけたり、網を付けて、ひもや玩具を取り出します。

◀ テラスなどで好きな玩具に囲まれて、ゆったりと遊んでも良いでしょう。

Good
室内やテラスなどで好きな玩具に囲まれて、ゆったりとした雰囲気の中で保育者に見守られながら、落ち着いて過ごせるのがいいですね。また、手の届く位置にあることで興味をもち、寝返り、ハイハイ、伝い歩きなどの動きも引き出すことができますね。

● 遊びたい気持ちを引き出すように 1歳児

引っ張ったり、くっ付けたり手先を使って遊べるような素材や玩具を用意してみましょう。

ぺたっ

◀ マジックテープでくっ付きます。

牛乳パックで作ったレールに、ボールを転がします。 ▶

ころころころがるよ

どんどんのびるよー！

◀ スズランテープを引っ張って遊んでいます。

おともだちやせんせいのまねっこだいすき！

とんとんするからねんねしてね

◀ 子どもは保育者や友達のしていることをまねして遊ぶので、同じ玩具を多めに用意しておくと、友達のまねをして一緒に楽しめるようになります。

Good
居場所を見つけてひとりで過ごしたり、少人数で過ごせたりする場を整えられているところがいいですね。

● 落ち着いて過ごせるように 2歳児

各コーナーでじっくりと遊んで過ごせるような
スペースを用意してみましょう。

色水
スポンジ
タオル
洗濯ばさみと
こむべら

おいしい
カレーを
つくるよ！

▲ おままごとコーナーでは、身近な物を使って
より本格的に。

Good

見立てて遊ぶ力を発揮できるよう、「見てすぐ分かる場や
遊具」があると良いでしょう。

● 見通しをもてるように 3歳児

新入園児も園生活を安心して過ごせるように、生活や
遊びの見通しをもてるような「見てすぐ分かる場」を
意識した環境づくりをしてみましょう。

4月

おえかき、ぬりえ、ままごと、
どこであそぼうかな？

はいったらすぐに
コップを
おくんだよ！

Good

好きな遊びが見つかり、園での生活が分かるよう
に用意していきたいですね。自分で何をすれば良
いかが分かり、自信をもてるようになることが、
安心して過ごせることにつながるでしょう。

● 友達と過ごせるように 4歳児

一人ひとりが安心して楽しめるとともに、好きな友達と
一緒に遊べるような場や環境づくりをしてみましょう。

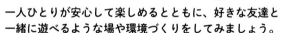

みんなでいっしょにあそぼう！
ぼくはおりょうりを
つくろうかな

Good

同じ場で同じような遊びができる
ように、道具や用具を複数用意し
ておくと良いでしょう。

● 自分たちで進められるように 5歳児

自分たちで遊びや生活を進めていけるように、
子どもたちと相談しながら約束などを決めてい
けると良いでしょう。

積み木の長さに応じて、▶
片付けの箱を作っていま
す。

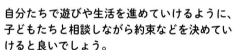

ダンゴムシは、
こんなふうに
おちばを
たべるんだ！

◀ 虫や動植物に興味をもち、自分たちで世話をしようと
する気持ちをもてるように、飼育ケースの環境づくり
もひと工夫しています。

Good

他にも、新しい遊具や用具を使いた
くなるように、目につく所に置いて
みても良いでしょう。

なるほど！瀧川先生の プチ・レク！

楽しさを感じる保育室環境

　4月は特に、子どもたちにとって新しい場・人との出会いが多く、新入園児にとっては
不安がいっぱいです。そこで、まずは「安心できて、温かな親しみとくつろぎの場」を
意識することが大切ですが、園生活が楽しいと感じていくためには「いろいろな興味を
ひく遊具や場」があることも必要です。子ども一人ひとりが楽しいと思える保育室環境
であることが、安心できる気持ちを感じることにつながります。

温かく関わり、遊び心をくすぐろう

0歳児 1歳児 2歳児 3歳児 4歳児 5歳児

期待感と不安感が入り交じる新年度は、保育室全体にどのような物的環境を用意して場やコーナーをつくるか、どのように人的環境として関わるかに頭を悩ませるところです。そこで、人的・物的環境の視点から環境づくりを考えましょう。

●保育者と一緒の安心感を感じられるように

新入園児は初めての場所や知らない子どもたちがいることで、戸惑いを感じるものです。まずは、人的環境として保育者がそばにいるという安心感を子どもがもてるように、温かく、受容的なまなざしと関わりを心掛けましょう。

たっちしたいの

頑張れ〜！

▲ 子どもの自発的な活動を保育者は見守ります。

いくよ〜、ほら！

いっぱい出して、楽しそうね

▲ 子どもがティッシュケースや缶から、スズランテープの束を引っ張り出しているのを認めて、共感します。

Good

保育者との信頼関係が生まれるためには、子どもへの受容的・肯定的なまなざしは欠かせませんね。その信頼関係をベースに、楽しい、うれしい、おもしろいと子どもが感じられるようにしていきたいですね。

●遊び心がくすぐられるように

園生活が楽しいと子どもが感じられるようにするためには、遊び心をくすぐって、またやりたい、遊びたいという気持ちを引き出す環境が必要です。

Good

単純で、目で見て、直感的にすぐに分かる遊びの環境が保育室にあるのがいいですね。思わず遊びたくなるような環境が整えられています。子どもの楽しそうな声が聞こえてきそうですね。

1歳児

ころがるのたのしい〜！

▲ 牛乳パックをつなげたレーンを立て掛けています。ボールを転がして、ひとりでも集中して遊べるように工夫されています。

0歳児

ばあ〜！！

▲ フープにスズランテープを結んで、カーテン状になっています。子ども同士が向かい合わせになり、隙間からのぞき込んで「いないいないばあ」をして遊べます。

▲ 皿の上にお寿司やプリンなどを載せて、ままごと遊びをすることができます。

●子ども同士がつながるように

1年をかけて、子どもたちの人間関係がより豊かに育っていくためには、遊びの中で子ども同士がつながっていくことができるような環境が必要です。まずは、「一緒のことができる」「まねして遊べる」環境、場を共有して遊べる環境などがあると良いです。

ごはん
まだ～？

トントントン

▲ ままごとで遊べる玩具を用意します。子どもたちが一緒に遊べるような環境が構成されています。

ぼくも
ひろうぞ～！

たくさん
ひろったよ～！

▲ 紙コップや透明カップにモールの取っ手を付けた入れ物に、友達と一緒にサクラの花びらを拾います。

Good
人間関係の育ちは、遊びを通して、楽しい思いを共に感じることから始まりますね。一緒にしたり、まねしたりするような場の共有が子ども同士がつながるためには大切ですね。

●保育室の環境・場づくりの工夫

保育室が狭くて使いにくかったり、物品がそろっていなかったりするなどの悩みもあるかと思います。すぐに手に入る物で工夫したり、古くなった物を再利用したりすることも環境づくりの工夫のしどころです。また、まずは目で見て、何がそこにあるかが分かるような環境を意識すると良いでしょう。

◀ ワイヤーネットを壁に掛けて、棚を作っています。子どもが作った物やちょっとした小物を置けるようになっています。

▲ 保育者が読んだ絵本専用の棚です。

◀ 使わなくなった三段ボックスに扉を付けて、冷蔵庫に大変身です。ままごとでも大活躍します。

▲ どのような玩具があるか、見てすぐに分かる棚になっています。

▲ 収納する物が分かるように、写真を貼っています。

Good
子どもにとって、どこに何が入っているか、保育者が読んでくれた絵本がどこにあるかなどが分かりやすいのがいいですね。

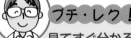

なるほど！瀧川先生の ブチ・レク！

安心感・安定感をもてるような保育環境を

入園・進級当初は、期待感がある一方、不安や戸惑いを感じているものです。いわば、「アウェイな状態」からスタートです。そのため、まずは保育者が人的環境として温かで受容的な雰囲気を出し、安心感・安定感をもてるように関わることが大切です。また、子どもが園生活を楽しいと感じられるようにするためには、遊び心をくすぐる物的環境や空間的環境（場やコーナー）を、発達や子どもの興味に合わせて考えていきたいですね。

見てすぐ分かる、遊びたくなる保育環境を

ままごと道具や砂場でのスコップなど、見たことがある（遊んだことがある）物があると、子どもは安心して遊べます。また、遊んでみたいと心が動くような保育環境があると、夢中になって遊び始めます。そのことが結果として、情緒の安定に結び付き、園生活の楽しさにつながります。見てすぐ分かる、思わず遊びたくなる保育環境を意識してみましょう。

安心できて遊びたくなる 仕掛けをつくろう

3 歳児 **4 歳児** **5 歳児**

進級・入園を迎え、新しい環境に不安な様子の子どももいるでしょう。その思いを受け止めて、一人ひとりが安心して園生活を送れるような環境づくりを考えてみましょう。

●安心感をもって安定して過ごせるように

4月は、自分の居場所を見つけて安心して過ごせるような環境づくりを心掛けてみましょう。

5 歳児

▲ テーブルに名前のラベルを貼っています。

Good
どこにいたら良いのかが分かりやすいですね。

ままごとコーナーに▶マットを敷いて、スペースを区切っています。

4 歳児

Good
上靴を脱いで、ゆったり遊ぶことができます。

3 歳児

▲ 入ってすぐ左に水筒置き場、右にコップ置き場を設置しています。

拡大すると

すいとうおきば

Good
子どもの動線をよく考えた配置になっていますね。生活の見通しをもちやすいですね。

4 歳児

▲ 絵本のコーナーをつくっています。絵本の棚のそばにテーブルを置いて、すぐに読めるようにしています。

Good
落ち着いた雰囲気の中でゆったり過ごせるようになっています。

● 遊び心がくすぐられるように

園生活が「楽しい」と思えるように、遊びたい気持ちを引き出せるような環境を用意しましょう。

4月

異年齢児クラス

3歳児

◀ ままごとセットに、洗剤やスポンジなどをプラスして設置しています。

▲ 保育者が作った作品を写真に撮って、積み木コーナーの壁に掲示しています。

Good
大人がふだんしていることをまねして遊べる環境になっていますね。

Good
遊び方が一目で分かる工夫になっていますね。子どもがイメージをもちやすくなります。

4歳児 5歳児

◀ ブロックをかごに色分けして入れています。

5歳児

◀ 室内でお花見を再現しています。シーツを敷いたり、色水をジュースに見立てたりしています。

Good
見て分かりやすい、手に取りやすい工夫になっています。

拡大すると

Good
5歳児は、友達との関係をつなぐことが大切になります。「みんなと遊んで楽しい」と思えるような工夫ですね。

4歳児

◀ 手作りのままごとセットです。スズランテープを使って、蛇口から出る水を表現するなどしています。

なるほど！瀧川先生の　プチ・レク！

園生活が楽しみになるように

　4月は、新たな場で生活が始まる子どもたちにとって「見てすぐ分かる」「思わず遊びたくなる」を意識した環境づくりをしましょう。どのようにすれば良いか、何がどこにあるかが見て分かると、安心して園生活を過ごすことができます。「昨日の続きが今日もできる環境」や、「思わず遊びたくなる環境」があると、園生活が楽しみになります。

Good
手作りにすることで、子どもの興味に合わせてどんどん改良していくことができますね。

友達とつながる
きっかけをつくろう

3歳児 4歳児 5歳児

園生活にも慣れ、安定感をもって遊ぶようになると、少しずつ友達と一緒に活動を楽しむ姿が見られるようになってきます。そこで、つながるための場や環境の工夫という点から考えていきましょう。

● 同じ場や物でつながる

同じ場や物を共有することで、次第に友達と一緒にすることの楽しさを感じていきます。また、保育者がその仲立ちとなっても良いでしょう。子ども同士がつながるような場や物を用意することがポイントです。

▶ テーブルに模造紙を敷き、その上で自由に野菜スタンプをして楽しめるコーナーをつくっています。

◀ 保育室を出て、廊下でお世話ごっこをしています。

みずいろにしよっと！

Good

友達と同じことを経験できる場が用意されていていいですね。

Good

保育室にある道具を、自分たちの好きな場所に持ち出して遊べるようにしています。したい遊びで友達同士がつながり合うことができています。

どんないろになった？

▲ 園庭にシートを敷き、色水遊びをしています。

どのおはなかな？

▲ 保育者と一緒に植物を探しに行き、図鑑で調べています。

Good

同じ場で同じようなことをする中で、3歳児なりの"井戸端会議"が生まれ、言葉のやり取りが豊かになります。同じ色水遊びの道具があるだけでなく、シートが子ども同士をつなぐ場になっていますね。

Good

人的環境の視点で、子どもと同じ目線の高さになって関わっているのがいいですね。保育者がパイプ役となり、子ども同士がつながるきっかけになります。

●やり取りを通してイメージを共有する

友達とやり取りをしてイメージを共有できるように
なってきます。同じ目当てをもって伝え合えるような
環境づくりを意識してみましょう。

つむの
てつだうよ！

▶ 積み木を積んでタワーを
作っています。一緒に作
り上げていく場や物が用
意されています。

5月

Good
友達とやり取りをし
ながら、思いや考え
を伝え合えるのがい
いですね。

拡大すると

▲ クラスで幼虫からチョウに
なるまで育てた過程を掲示
しています。

Good
子どもたちが体験したことを共有
できる場になっています。実際に
殻を観察できるようになっている
工夫もいいですね。

◀ 園庭で落ち葉を使って、お店屋さん
ごっこをしています。

Good
子ども同士のやり取りが
できる場や、園庭で拾っ
た物を入れる容器などが
用意されていますね。や
り取りからイメージを共
有できますね。

●友達と一緒に工夫して楽しむ

友達との遊びが楽しくなるきっかけとなる保育環境を工夫しましょう。一緒
に何かを作ったり、表現したりする環境づくりを意識できるといいですね。

◀ 数人で自分たちの
イメージを出し合い
ながら、積み木や人形、ブロックを
組み合わせて作り
上げています。

Good
積み木の大きさや形を区別して
取りやすくしています。また、
協力して作り上げていけるよう
に広いスペースをつくるととも
に、遊びを継続できるように「こ
わさないで」マーク（左の拡大
写真）があるのがいいですね。

拡大すると

▲ 園庭に絵の具や段
◀ ボール箱などを用意
し、家作りができる
ようにしています。

なるほど！瀧川先生の プチ・レク！

遊びの拠点となる環境づくり

この時期、関係をつないだり、やり取りが生まれたりするような「遊びの拠点」
となる保育環境を工夫してみましょう。発達に応じて「一緒の場を共有できる
工夫」「言葉のやり取りが生まれる遊びの保育環境や場の工夫」、更には、「一
緒に何かを作ったり、工夫したり、表現したりしていきながら友達との遊びが
楽しくなるような保育環境の工夫」をしていくと良いでしょう。

Good
友達とイメージを出し合いながら、自分
たちの家ができつつありますね。子ども
たちの発想に任せながら、伸び伸びと絵
の具や段ボール箱を使えるようにしてい
るのがいいですね。

春 5月

春の自然と 生活をつなげよう

暖かくなるにつれ、様々な植物が芽を出し、生長し、花を咲かせていきます。それとともに、小さな生き物たちも活動を始めます。そんな春の自然に親しめるような環境づくりを考えましょう。

● 園庭で自然にふれられるように

保育者が意図的、計画的に用意した物的環境でなくても、自然環境は子どもの遊び心をくすぐります。子どもたちは花びらや虫を見つけて、触ったり、集めたりします。その中で五感が育っていくでしょう。

「なにか、いる！」

「みて、いっぱい！」

「本当ね！」

▶ サクラの花びらをたくさん集めることができます。プリンカップやポリ袋など、集めた物を入れることができる物的環境があると良いでしょう。

▲ 人的環境として、子どもが感じたり気付いたりしたことに共感することも必要です。

Good

日頃、子どもたちが自然にふれる経験を豊かにするために、保育者自身も園庭の自然に気付くことが必要ですね。

● 自然遊びが豊かになるように

「自然にふれる」だけではなく、「自然で遊ぶ」ための保育環境には、保育者の「仕掛け」が必要です。

「どれにしようかな」

容器とすりこぎを用意して、色 ▼ 水遊びができるようにします。

のぞいてみると…

▲ 「遊びに使って良い花」だと分かるように、看板にしています。いろいろな種類をたくさん用意しているので、遊びが広がります。

「むらさきいろになった〜！」

◀ 万華鏡の先が外れるものを置いておくと、ビーズの代わりに、花びらを入れて楽しむことができます。

「おはなのスープのできあがり！」

Good

思わず遊びたくなるように「自分で試してみることができるような保育環境」を意識して、物的環境や遊びの場を用意するとよいでしょう。

◀ 鍋や食器などを用意すると、ごっこ遊びにも広がります。

●保育室で自然にふれられるように

秋に比べて、色とりどりの草花を楽しめるのが春。
春の自然を保育室にもち込むと、華やかな色合いに
もなります。

◀ 子どもたちと植えた花の種を
保育室でクイズにして掲示し
ています。

5月

▲ 春の花を挿した小瓶や絵本を棚に置いています。

▲ 様々な花で作った色水に、植物の名前を書
いたビニールテープを貼り、保育室に並べ
ています。

Good

保育室でも春の自然にふ
れられるのがいいです
ね。「自然を感じる」だ
けでなく、気付く、知っ
ていくということにもつ
ながりますね。

●子どもたちと体験や気付きを共有できるように

体験したこと、気付いたこと、感じたことを「可視化
（見える化）」すると、それらが共有されて、子どもた
ちの新たな気付きや思いが生まれてきます。

◀ ダンゴムシを飼いなが
ら、気付いたことや調
べたことを貼っていけ
るように、コルクボー
ドを用意しています。

▲ 種や苗を植えたものが、どのように成長していく
か、経過を写真に撮って掲示しています。

▲ 飼育しているアオムシを、写真に撮って
色画用紙に貼っていけるようにしていま
す。成長の過程が分かりやすくなります。

▲ 子どもが植えた植物に関するクイ
ズや、植物を見て気付いたことを
書きます。

Good

自然にふれる・感じるから、気付く・
知っていく・思いを巡らすような「仕
掛け」になりますね。子どもの発見を
言葉として受け止めるだけでなく、「可
視化」することで、子ども自身も大切
にされていると思えるような保育環境
でしょう。

なるほど！瀧川先生のプチ・レク！

春の自然にふれることから始めよう

自然は常に変化し続けています。園庭のタンポポがいつの間に
か綿毛になっていたり、サクラの花が気付くと葉になっていた
り、アオムシからいつの間にかチョウチョウになっていたりと、
自然は1週間～数週間で姿を変えていきます。気候が良い春
だからこそ、園庭や地域の自然にふれて、子どもたちと春を感
じたり、見つけたりすることから始めましょう。

自然に関する科学絵本を活用しよう

春の自然を保育に生かすためには、風景のようにただそこにあるも
のとして捉えるのではなく、自然を意識できるようにする「仕掛け」
が保育環境として必要です。「園庭での遊び化」だけでなく、「保育
室内での意識化」「見える化」「気付きの共有」ができる保育環境が
あると良いでしょう。そのような保育のヒントになる科学絵本や、
自然に関する図鑑も活用してみましょう。

保護者
家庭との連携につなげよう

参観や懇談会に向けて、子どもたちの園での様子が分かるような掲示、また、園で大切にしている保育観や子ども観が保護者に伝わるような工夫などを考えてみましょう。保護者に伝わるようにするには、毎月のおたよりだけでなく、いろいろなことを「見える化」してみることが大切です。

● 自園の保育を伝える

自園の保育で大切にしていることは、写真などを使って玄関などに大きく掲示しておくと良いでしょう。

拡大すると

▲ 園の方針を基に、各年齢でどのような保育をしているかを書いています。

Good
その年齢の大事なポイントが見てすぐ分かると、子どもの育ちの見通しが保護者にも伝わりますね。

● 写真と実物展示で、クラスの保育を伝える

クラスでの取り組みの様子を、写真に吹き出しを付けて各クラスの入り口近くに貼ると、最近の保育の様子を伝えることができます。

▲ 子どもたちの楽しそうな表情や、生き生きとした表情、真剣なまなざしが写っていると、保護者も安心します。

Good
保護者にとって、園でどんな遊びや生活をしているのかは分かりにくいものです。そこで、子どもたちが作った物や遊んでいる物を実物展示しておくと、ひと目で分かります。

スズランテープの三つ編みと、▶ スズランテープ本体を展示しています。遊んでいる物をそのまま置くことで、子どもたちの今していることが保護者にも伝わりやすいです。

▲ 低年齢児も、ふだんの何げない遊びや生活の様子が分かると、保護者も安心です。

▲ 家庭でもできそうな遊びのヒントがあると、保護者も助かります。

▲ 小さいブロックで作った物を、棚の上だけでなく、天井からつり下げて展示しても良いでしょう。

●保育の意図を伝える

子どもたちの絵や作品が「どのような意図・ねらい」で、「どのような経験」ができるようにと考えての活動なのかが保護者に伝わるよう、「どのような視点」で見てほしいかなどを書くと良いでしょう。

◀ こいのぼりを作った意図や、子どもたちに経験してほしいことを書いています。

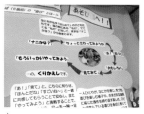

▲ 0歳児にとっての遊びの意味を図にして説明しています。遊びのサイクルについて書いています。

Good

子どもの育ちや保育の意図、遊びの意味がしっかりと伝わる工夫になっていますね。参観の機会にも伝えていくといいですね。

●少しの工夫で信頼度アップ！

保護者との信頼関係を築けるような掲示をしてみましょう。

▲ 子どもの言葉や行動など、良いところを見つけ、肯定的な保育者のまなざしをどんどん貼っていきましょう。目に入りやすい所に掲示します。保護者に書いてもらってもいいですね。

▲ 園からの緊急時避難経路も分かりやすく掲示してみましょう。

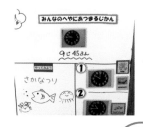

◀ 参観の流れが分かるように、ホワイトボードに書いておくと保護者も安心です。

●園内の自然を紹介する

せっかくの機会だからこそ、園内の植物マップを展示して、保護者の方にも自然に親しんでもらいましょう。

▲ 植木鉢にはプレートを挿しています。「わたげをうえてみたよ！どうなるのかな？」とありますが、実際にどうなるのでしょうか？わくわく感が高まります。

▲「こんなふうに すをつくるかな??」という言葉、保護者と子どものやり取りが生まれるかもしれません。

Good

子どもと保護者が園の中を散策したり、身近な自然に一緒にふれたり、考えたりするきっかけにもなりますね。

Good

一人ひとり見てもらえている安心感、安全も考えられている安心感、参観日当日の流れが分かる安心感が、保護者からの信頼につながりますね。

なるほど！瀧川先生の プチ・レク！

家庭との連携は保護者支援の第一歩

園と家庭との連携は欠かせないものです。そのために日々の保護者とのやり取りだけでなく、参観や懇談は園での子どもの様子、園やクラスの雰囲気を知る機会になります。園の保育方針や大切にしていることを理解してもらうことも、保護者支援の第一歩になります。そこで、掲示物(文字・写真)だけでなく、実物展示も利用して、保護者の方々に自園やクラスの保育について直感的に理解してもらえるような工夫をすると良いでしょう。

保育を伝えることは園の使命

園における教育・保育が、より一層効果的に展開されていくために、園の方針、特色ある教育・保育活動や園児の状況などの基本的な情報を積極的に提供し、保護者等の理解や支援を得ることが大切であることは、要領や指針等にも示されています。保護者に伝わる環境づくりは、その一つの手段となるでしょう。

春

6月

梅雨の季節を
体験できるようにしよう

3歳児 4歳児 5歳児

「いろいろなことを試してみたい」という思いが生まれるこの時期ならではの保育環境を工夫したいですね。水・色水遊びや草花遊び、泥遊び、生き物に関わる保育環境の充実で梅雨期を楽しみましょう。

● 五感で楽しめるように 3歳児

気付くよりも、まずは視覚・触覚・嗅覚で感じることができる保育環境を工夫しましょう。見てみる、のぞいてみる、触ってみる、混ぜてみる、握ってみるなど、思わず"してみたくなる"保育環境をつくってみましょう。

どんないろになるかな？

みて！いっぱいはいったよ

▲ 戸外に、色水を入れた大きな容器を数色分置いておきます。カップや粉末洗剤用のスプーンなども一緒に用意します。

Good

色水を移し変えて遊ぶことで、色の変化を感じたり気付いたりすることができます。また、たっぷりと用意していることで、開放感を味わいながら、思う存分楽しめますね。

ぬるぬるしてる！

◀ たらいに泥を入れて用意しています。

Good

大きなたらいを使うことで、ダイナミックに泥遊びを楽しむことができますね。

▲ 飼育ケースのそばに、子どもの気付きや疑問を書き込んだ掲示をしています。また、拡大鏡も近くに置いています。

Good

子どものささやかな声を拾って掲示しているので、他の子どもとも共有することができます。また、拡大鏡で見ることができるので、様々な気付きが生まれます。

いろがかわっておもしろい♪

▲ 筆に水を付けて、木板に絵を描きます。

Good

紙と絵の具では「何かを描く」取り組みになりますが、これは水なので乾いたら消えます。線を描いてみたり、塗りつぶしたりと、いろいろな筆の使い方を試してみたい環境になっていますね。

● こだわりをもって継続できるように ④歳児

自分なりのこだわりをもって、粘り強く取り組むようになってくる4歳児。色水遊びや水遊びでも、試行錯誤や気付きが生まれ、こだわりをもって取り組めるような、思わず"試したくなる"保育環境を考えてみましょう。

みて！こっちからでてきてるよ

6月

▲ すり鉢とすりこぎを用意することで、園庭の草を使って色水遊びをすることができます。

▲ たらいに水を入れ、給油ポンプやといを使って遊びます。

Good
自分なりのこだわりをもって、葉で濃いお茶や薄いお茶を作っていますね。すり鉢とすりこぎを置くことで、何回ぐらいどのようにすると良いのかなど試行錯誤が生まれる保育環境になっています。

Good
気付きや発見が生まれやすそうな目新しい用具を用意していますね。

● 気付きを表現し、確かめられるように ⑤歳児

活動の中で気付いたことを言葉で表現するようになる5歳児。気付きが生まれ、試したり、知っていることを確かめたり、順序性のある見通しを確認したりしていけるような保育環境をつくってみましょう。

きれいないろができた！

◀ 茶こしとじょうご、ペットボトルを用意して、色水遊びのコーナーをつくっています。

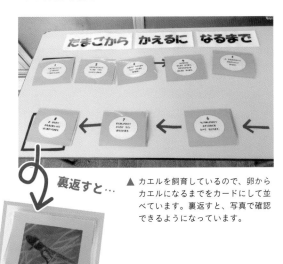

裏返すと…

▲ カエルを飼育しているので、卵からカエルになるまでをカードにして並べています。裏返すと、写真で確認できるようになっています。

Good
自分たちが育てたオタマジャクシがどのように成長していったかを振り返ることができ、「深い学び」になります。

Good
茶こしがあると、澄んだ色水を使うことができます。また、じょうごを使うと口の狭い容器にも簡単に色水を入れることができます。

なるほど！瀧川先生の フチ・レク！

思わず使ってみたくなる物や場

色水遊びでもすり鉢とすりこぎだけでなく、茶こしやじょうごを使うこともできます。水遊びでもカップなどの容器だけでなく、給油ポンプやといなども使うことで、遊びが広がり、もっと試したくなります。泥もたらいに入れると新たな遊びが生まれ、いらなくなった筆も園庭では遊び道具になります。梅雨の時季でも、思わず使ってみたくなる物や場があれば、遊びは様々に広がっていくのです。

春

6月

園庭での遊びが広がる
ポイントを仕込もう

2歳児 3歳児 4歳児 5歳児

園庭での遊びを広げるためには、定番の砂場遊びだけでなく、線を引いたり、拠点となる遊びの場をつくったり、自然をうまく利用したりした保育環境が必要です。そのような園庭遊びの環境づくりを考えてみましょう。

● ダイナミックに遊べるように **2歳児**

スペースを広く使って遊べるような環境をつくってみましょう。

> おっとっと！

▲ 板を使って、歩道を作っています。

> でんしゃが
> しゅっぱつしま〜す

▲ 三輪車やスクーターの遊びに慣れてきたら、乳児用の園庭にライン引きで線路を描いて次の展開につなげます。

Good
歩行が安定してきた2歳児は、いろいろな所を歩くことがおもしろくなってきます。子どもの園庭での遊び心をくすぐる工夫ですね。

● 遊びのきっかけをつくる物や場

テーブルを園庭に置いて遊びの拠点とすることで、そこからさらに遊びが広がります。季節によって、色水遊び、泡遊び、光遊びなど、そこでの遊びの内容に変化を加えることで、子どもたちの経験の幅も広がります。

> あわだってきた！

▲ 石けんで泡遊びをするために、おろし器、泡立て器、水を入れる容器、ボウルなどを用意しています。

> あかときいろを
> かさねたら
> オレンジだ！

▲ 光遊びを楽しめるように、カラーセロハンやフレームなどを用意して虫眼鏡を作れるようにしています。作った虫眼鏡でのぞいたら、どんな色に見えるかな？

> ちいさいはっぱ、
> みつけたよ！

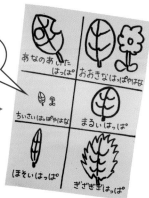

園庭で見つけられる植物や虫のイラストや写真があると、園庭の探索活動が広がっていきます。

Good
遊びの拠点としてテーブルがあるのがいいですね。そこにいろいろな物を置くことによって、子どもの「やってみたい」という意欲を引き出すことにつながります。

● 砂や水の遊びが充実するように

砂場での保育環境だけでなく、砂や水の遊びの保育環境を豊かにすることで、ごっこ遊びが充実したり、子ども自身が目当てをもって遊ぶ姿が見られたりするようになります。

こんなおおきいかわができた！

6月

▲ 砂場にみんなで川を作れるように、大きなスコップをたくさん用意しておきます。

いっぱいできた〜！

さらすなづくり、たのしいよ！

▲ 泥で手形を付けられるように紙皿を用意しています。

▲ 木の板を使って、さら砂作りに夢中になっています。

Good
遊びの中で、子どもが自分の思いを出したり、自分なりの目当てをもって遊びを継続していけるような保育環境がいいですね。

● 子どもの気付きを引き出せるように

ペットボトルや虫眼鏡などの「仕掛け」があると、探索活動を始めるきっかけが広がります。子どもたちが気付いたことや感じたことを「見える化」することで、新たな気付きや思いが生まれます。

▲ 砂遊びのときに発見したいろいろな砂粒をペットボトルに入れて、種類別にラベルを貼り「見える化」しています。

▲ 日よけネットから滴る水をペットボトルに集めて遊びます。

▲ 小さな水滴さえも保育環境として意識することで、子どもの気付きをたくさん引き出せます。水滴を触ったり、虫眼鏡でのぞいたりしてみましょう。

Good

子どもの気付きや発見を言葉として受け止めるだけでなく、「見える化」することで、クラスで共有できるような環境になっていきますね。

なるほど！瀧川先生の プチ・レク！

園庭遊びの基本

子どもたちが自由感を得ながら、それぞれの思いをもって遊ぶことが園庭遊びの基本となります。そのために、定番の固定遊具・総合遊具などの場が確保されていたり、ボールやスコップ、バケツなどが物的環境として用意されていたりすることが大切です。しかしながら、一年中変化のない環境では、子どもたちの園庭遊びは、豊かな広がりや深まりをもつものにはなりません。一年を通じて再構成していくことが、子どもの経験や育ちには重要です。

園庭遊びが広がる「仕掛け」づくり

園庭に線を引いたり、テーブルなどを置いたりすると遊びの場が新たに生まれます。その場に、物的環境を置くと、さらに遊びを広げる「仕掛け」になります。「この時期だからこそ、こんな経験をしてほしい」「こんな物があると、子どもの遊びが広がっていくのでは？」と、保育者が思いや願いをもって、園庭の環境を再構成していくことが、子どもの経験を広げます。

春
6月

生活・文化

生活の自立を促そう

1歳児 2歳児 3歳児 4歳児 5歳児

① 基本的な生活習慣に関わる環境 ② 生活の自立に向けての環境 ③ 1日の生活の流れが分かる環境 ④ 気持ち良く生活するための環境について、いろいろと考えてみましょう。生活の自立や確立は、単に基本的生活習慣を身につけるだけでなく、遊びや活動時間の確保や主体的に園生活を営んでいく力につながっています。

● 基本的な生活習慣が育まれるように

基本的な生活習慣は、毎日の生活の積み重ねによって身についていきます。人的環境として保育者が手本を見せたり、口頭で伝えたりするだけでなく、物的環境としても見てすぐ分かって、意識できる保育環境を整えましょう。

拡大すると

▲ 手洗い場の天井に貼ることで、上を向くことを意識できる環境になっています。

▲ 足形マークで、順番に並ぶことを伝えています。

Good
「うがい、ちゃんとした？」「まっすぐ順番に並びなさい」と注意するのではなく、楽しみながら身につくような保育環境を考えてみましょう。

● 生活の自立に向けて

1・2歳児クラスでは、「ジブンデ！」「ひとりでできた！」という気持ち、3歳児クラスでは「自分でなんでもできるよ！」という気持ちを育めるような保育環境を整えましょう。

Good
「生活の自立」と「遊びの充実」は、どの年齢でも意識する必要があります。低年齢児では、それらが重なり合って育っていきます。遊びの中で、生活の自立が促される保育環境になっていますね。

1歳児

▶ 遊びのコーナーに、簡単に作ったスカートとズボンを掛けています。衣服の着脱が遊びの中でできるようになっています。

3歳児

◀ 箸やトングを使って遊べるコーナーです。口の中にふわふわビーズを運びます。

2歳児

◀ 衣服を畳むのも自分でできるように、写真で分かる工夫をしています。

▶ 壁に手袋で作った実物見本を貼っています。子どもの目の高さで、左手用も隣に貼ります。

おはしのもちかた

● 1日の生活の流れが分かるように

3歳児以降は、1日の生活の流れを見通せるようになることを意識した保育環境づくりが大切です。

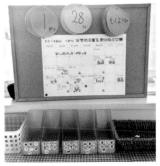

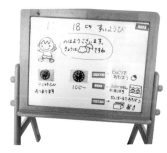

▲ 出席ノートにシールを貼るときに、「今日は○月○日」ということや、子ども向けに準備したカレンダーに予定を書いておき、先の見通しをもてるようにしています。

▲ 時計の針がこの形になったらこれをする、ということが分かる写真が貼ってあると、1日の生活の流れが子どもたちの身についていくでしょう。

▲ 毎日の保育内容（遊び・活動の内容）を子どもたちにホワイトボードで示しています。

Good
見通しをもって生活を進めることは、領域「健康」の視点としても大切です。また、時間感覚や曜日感覚を育てていくことは、自分たちの生活を豊かにするだけでなく、小学校生活の基盤になりますね。

● 気持ち良く生活できるように

3歳児以降はみんなが気持ち良く生活するために「公共」という気持ちを育てていくことを意識した保育環境も大切です。

▲ イスを片付けるのも、単に片付けとして考えるか、
▶ 数に興味や関心をもつ機会として考えるかで保育環境も変わってきます。

▲ 階段も、右側通行の矢印があると分かりやすいです。

拡大すると

◀ ゴミの分類を意識できるような保育環境になっています。

Good
生活を営んでいくための保育環境は、個々の子どもの育ちとともに、クラス集団の育ちとも密接に関わっていきます。クラスのみんなが気持ち良く過ごせるための環境を子どもと一緒につくっていけるといいですね。

なるほど！瀧川先生の プチ・レク！

生活の自立を目指して

0・1・2歳児では、個々の生活の自立に向けての取り組みが基盤になり、そのための保育環境づくりの工夫が必要です。そして、3歳児以降は、個々の生活の充実・確立とともに、自分たちでよりよい生活をつくり出していけるような保育環境づくりの工夫が大切です。特に5歳児では、互いに気持ち良く生活していけるためのクラスづくり、保育環境づくりができるといいですね。

見通しをもって生活していく自信を育てる

領域「健康」に「自分たちで生活の場を整えながら見通しをもって行動する」ことや「幼児の自立心を育て、幼児が他の幼児と関わりながら主体的な活動を展開する中で、生活に必要な習慣を身に付けるようにする」ことが示されています。すなわち、1日の生活の流れの見通しをもち、自信をもち、主体となって生活を進めていけるような環境づくりをすることを意識しましょう。

Chapter ② 夏 Summer

自発的・意欲的に関われる環境

指針に「子どもが自発的、意欲的に関われるような環境を構成し、子どもの主体的な活動や子ども相互の関わりを大切にすること」とありますが、0・1・2歳児でも、「あれ?」「おもしろそう!」と思うと、自発的・意欲的に環境に関わって遊ぼうとします。「試してみたい」という気持ちは"意欲"の芽生えです。保育者はそのような意欲を引き出すきっかけをつくっていく必要があります。

タイトルのキーワードや #遊びのキーワード から、
夏の環境づくりに役立つヒントを見つけて遊びに反映させましょう。

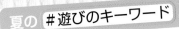

夏の #遊びのキーワード

夏

手作り玩具

- いろいろな素材に触れる **36**
- 手指の育ちのために **46**

ままごと

- ままごとをするための工夫 **39**

絵本

- 絵本の見せ方・場のつくり方 **40**
- 絵本の活用方法 **41**

ごっこ

- 作る活動の芽生え **36**
- 「つもり遊び」が豊かになるように **38**
- 「見立て遊び」が豊かになるように **38**
- 「ごっこ遊びの場をつくり出す」ための環境 **39**
- ままごとをするための工夫 **39**
- 絵本の活用方法 **41**
- 数や文字などの認識を育てる **47**

園庭

- 水遊びが広がる **30**
- 色水遊びが広がる **30**
- 水を使った遊び **33**
- 色水を使った遊び **33**
- 園庭で体を動かす **43**
- 日常の遊びとして **43**
- いろいろな動きが楽しめるように **44**
- 体を動かす遊びを楽しめるように **45**
- 自分たちでどんどん遊びを進めていけるように **45**

製作

- いろいろな素材に触れる **36**
- 作る活動の芽生え **36**
- いろいろな素材に触れる **37**
- 製作活動を進めていくために… **37**
- 遊びを引き出し、気付きを促せるように **46**

自然

- 色水遊びが広がる **30**
- 絵本の活用方法 **41**
- 遊びを引き出し、気付きを促せるように **46**

色水

- 色水遊びが広がる **30**
- 色水を使った遊び **33**
- 絵本の活用方法 **41**

文字・数・形

- 数や文字などの認識を育てる **47**

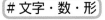

水

- 水遊びが広がる **30**
- 水を使った遊び **33**

光

- 鏡や光の遊びが広がる **31**
- 光を使った遊び **32**

試行錯誤のきっかけを 用意しよう①

⓪歳児 ①歳児 ②歳児 ③歳児 ④歳児 ⑤歳児

水や光を使って遊ぶための保育環境を考えてみましょう。1日だけの遊びではなく、継続的に取り組むことで、水や光に親しむ中で、気付きが広がっていきます。そのためには、物的環境として、自分で試せる物をいろいろ用意してみましょう。

● 水遊びが広がる

水はカップですくったり、ペットボトルに入れたりするだけでも遊びになります。更に、たらい、とい、筒状につなげたペットボトルなどの保育環境が、子どもの遊びを誘発します。

これぐらいいれたらどうなるかな？

▲ 遊ぶ中で子どもたちはいろいろなことを試します。その中で、水は高い所から低い所に流れることに気付きます。

まんなかでみずがたまってる！

おみずながすよ～！

▲ 傾斜のないレールでは、水が流れにくいことに気付きました。

 Good

持ちやすいカップや小さなバケツなどを容器にしているのがいいですね。大小様々なスポンジ、水に浮くボールや発泡トレイなどもあると、更に遊びが広がりそうですね。

● 色水遊びが広がる

絵の具や植物（花や葉 など）を使う色水遊びは子どもにとって楽しい遊びです。

⓪歳児 ①歳児 ②歳児

あかいおみず、どうなるかな？

▲ たらいに入れた絵の具の色水をカップですくい、レールに流して遊びます。色が混ざって変わることに気付けるといいですね。

③歳児 ④歳児 ⑤歳児

ここにおいていたらあしたどうなっているかな？

▲ ペットボトル、カップ、色の出る素材、混ぜ棒などがあっても良いでしょう。植物を使う場合は、すり鉢やすりこぎなど、すりつぶす道具があると色が出やすくなります。1日置いて、色・においなどに変化があるか確かめます。

Good

絵の具では、いろいろ試す中で混色による色の違いや、水の量による濃さの違いに気付き、植物では「これでどんな色が出るかな？」「思ったような色にならない！」と試して気付くことができる環境ですね。

●鏡や光の遊びが広がる

身近にある鏡や光は、０・１・２歳児にとっては不思議なものです。また、鏡や光で遊び込んできた３・４・５歳児は「鏡や光を操る遊び」を楽しみます。

セロハンを窓に貼っておくと、差し込んだ光で、色の付いた影ができます。▶

これなにかな？

あれ？　なにかうつってるよ

◀金属製のボウルや、アルミホイルを貼った段ボールなどは鏡になります。

7月

Good
光の存在に気付くきっかけを物的環境で工夫しているのがいいですね。光を遊びに取り入れるための手作り玩具などを、積極的に用意してみましょう。

みて！いっぱいうつってる

かいちゅうでんとうっておもしろい！

▲ 水を入れたペットボトルに、カラーセロハンを重ねた懐中電灯を当てています。

◀懐中電灯にビー玉を載せました。

きれい！

ながいかげも、みじかいかげもできるよ！

▲ 積み木に懐中電灯の光を当て、影の変化を楽しんでいます。

▲ このように差し込んだ光に「あれ？」と思っているのもチャンス。

バケツの水面が天井に反射して光っているもの。光の教材になります。▼

見てみると…

Good
鏡や光源となる懐中電灯、影や光の元となるセロハンやビー玉、積み木、ブロックなどの素材を自分たちで組み合わせたり、試したりできる環境があるのがいいですね。子どもたちが自分の思いをもって、いろいろ試しているからこそ、たくさんの気付きが生まれそうですね。

なるほど！ 瀧川先生の フチ・レク！

試してみるからこそ、気付きが生まれる

領域「環境」には「様々な事象に興味や関心をもつ」「発見を楽しんだり、考えたりする」「身近な事象を見たり、考えたり、扱ったりする中で、物の性質や数量、文字などに対する感覚を豊かにする」といったねらいがあります。水や光にふれる機会がたくさんあることで、興味や関心が膨らみ、自分でいろいろ試してみるからこそ、気付きや発見が生まれます。そのような試行錯誤を通した気付きの中で、子どもたちは「なんでかな？」「次はこうしてみよう！」と考えることを楽しみ、気付きが積み重なり、水や光の性質に対する感覚が豊かになっていくのです。

試行錯誤のきっかけを 用意しよう②

③歳児 ④歳児 ⑤歳児

水や光を使った自分で試すことができる遊びでは、子どもたち自身に様々な気付きや発見が生まれます。そんな発見が生まれる保育環境の工夫を見てみましょう。

● 光を使った遊び

当たり前に存在する光を保育環境として遊びに使うことができます。光のおもしろさを感じることができる物的環境となります。

拡大すると

光がさすと…

▲ 黒の切り紙にセロハンを貼り、窓に飾っています。光がさすと保育室にカラフルな模様が映ります。

▲ 棚の上に鏡を置き、棚の中にはスプーンやボウルなどを入れています。

 Good

鏡だけでなく、スプーンやボウルの曲面なども利用していろいろな映り方を楽しむことができます。

Good

自分たちが作ったいろいろな形や色がどのように映るかを試すことができ、様々な気付きを生むことにつながりますね。

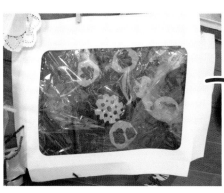

▲ 上部が透明のギフト用の箱などの蓋を開き、セロハンや切り紙を貼っています。これにプロジェクターの光を当ててスクリーンに映します。

光を当てると…

Good

自分で光を当てて見ることができるので、思うように改良しながら作ることができます。

● 水を使った遊び

プールでの水遊びだけでなく、園庭でも水遊びができるように
保育環境を工夫すると遊びが広がります。

みず、あたる
かな〜？

子どもたちが描いた絵を段ボール板に貼って的に。水を入れた調味料の容器で的当てをします。

7
月

たらいに水を入れ、様々な形・種類の調味料の容器を用意しておきます。

Good
キャップの穴の大きさによって、水の出方をいろいろ試すことができますね。

Good
どれくらいの力で容器を押したら水が出て、自分たちが作った的に当たるのかを試すことができます。

● 色水を使った遊び

自分でいろいろ試せるように、容器類を置く場を工夫すると、
子どもたちが主体的に活動できます。

◀ 透明チューブの片端にペットボトルの口部分を付けて、色水を入れやすくしています。

ペットボトルを組み合わせてストローを通した物に、上から水を入れていきます。

Good
色水を入れていくとチューブの中にたまっていきます。違う色を足すと、色が混ざるのを見て楽しむことができます。

Good
単純な仕掛けの玩具なので、3歳児でも楽しむことができます。水がいっぱい入っているときは勢い良く出てくるので、水をどんどん追加して入れたくなります。

▲ ワイヤーネットにじょうごやしょう油入れ、様々な容器など、色水遊びに使う用具を掛けて用意しています。

▲ すり鉢やすりこぎ、透明容器をかごの中に入れてセットしています。かごに何が入っているかを写真で掲示しています。

なるほど！瀧川先生の  **プチ・レク！**

気付きや試行錯誤を引き出せるように

要領・指針で示されている「資質・能力」の「知識及び技能の基礎」「思考力、判断力、表現力等の基礎」には、様々な試行錯誤を通した気付き・発見や、気付いたことを使って更に試行錯誤したり工夫したりするという視点が含まれています。光や水、色水の遊びはまさにそのような体験ができる宝庫です。色や形、サイズなどが似ているけれど違う物を用意すると良いでしょう。

Good
子どもたちが自分で色水遊びに使う用具を出したり片付けたりしやすい置き方ですね。どんな物があるのか見てすぐ分かる保育環境になっています。

夏 7月

生活・文化

生活や遊びから食育に
つなげよう

3 歳児　**4** 歳児　**5** 歳児

園における食育は「子ども自身の食を営む力」の基礎を培うために、園での日々の生活や遊びなど、様々な機会を捉えて発達に応じた実施をすることが大切です。食育の取り組みを、保育環境の側面から考えてみましょう。

● 食べることが楽しみになるように

領域「健康」によると、"楽しんで食べること"が食育の基本となります。安心して食べたり、友達と一緒に食べることを楽しんだり、昼食の時間を楽しみにする気持ちを共有できたりするような環境を用意しましょう。

◀ テーブルの上に、ランチマットを敷き、お花を飾っています。

▲ ランチルームのある園では、食べることが楽しくなるような飾り付けをしています。

Good

みんなと一緒に食べることが楽しくなりそうな環境づくりになっていますね。楽しい食事が子どもの心と体の栄養となるよう、環境に配慮することが大切です。

● 食と健康とのつながりを意識できるように

「三色食品群」を保育環境として活用するためには、単に掲示するだけではなく、子どもの当番活動などと結び付けると良いでしょう。また、消化・排せつについて知ることも、食と健康の視点では大切なことです。

▲ 右下の三色のクリアフォルダーの中に、ラミネートして磁石を付けた食材の写真が入っています。子どもたちは、毎日、その日の給食に入っている食材をホワイトボードに貼り替えていきます。

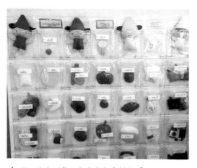

▲ フェルトで作った小さな食材を「三色食品群」に分けて、ウォールポケットに入れています。保育者が取り出して子どもたちの目の前で見せたり、その日の給食の食材に合わせて入れ替えたりします。

▲ 食べた物がおなかの中で消化され、栄養として吸収されていったり、ウンチなどの排せつ物が出ていったりすることを、掲示されたイラストで知ることができます。

Good

「三色食品群」の食材を子どもが毎日意識できるような仕掛けがいいですね。また、消化・排せつについての健康との結び付きを意識できる掲示物ですね。

●様々な食文化にふれられるように

現代は多くの食材が季節に関係なく手に入ります。しかしながら、平成16年に通知された「楽しく食べる子どもに～保育所における食育に関する指針～」に示されている「保育の目標」の一つ「食と文化」では、次のように記載されています。「食を通じて、人々が築き、継承してきた様々な文化を理解し、つくり出す力を養う」。そのためには、日本の食文化の地域差や、諸外国の食文化にも興味が広がるような保育環境が大切です。

▲ いろいろな地域の雑煮の違いを掲示しています。

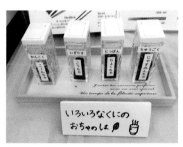 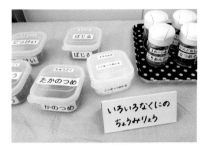

▶ いろいろな国のお茶の葉や調味料を容器に入れて、ラベルを貼っています。

Good
お茶の葉や調味料など、実物を用意しているので、見たり匂いを感じたりできる環境がいいですね。

7月

●食に関わる体験ができるように

食を通じて食材に目を向け、食材に関わるためには、日常の保育環境だけでなく、実際の体験活動も大切です。そのための「食材」も保育環境の一つになります。体験活動から「食を通じて、自らも含めた全ての命を大切にする」経験を積み重ねていくことができます。

上から見ると…

◀ 枝豆を育てる体験を、ドキュメンテーションで「見える化」しています。

▲ 乾物（干しシイタケ、高野豆腐　など）を水に戻します。乾いているときと戻したときの匂いや、見た目の違いに気付けるといいですね。

◀ 塩漬けした梅を天日干しします。新聞紙を敷き、その上にザルを置いて一つひとつ並べていきます。自然の恵みとしての食材に感謝する気持ちを育む活動ですね。

◀ 実物大のマグロやブリなどの魚と一緒に、刺身の写真も掲示しています。食材を調理することに関心をもてるような工夫ですね。

Good
視覚情報としての環境、体験活動を支える環境、どちらも食に関わることができる環境ですね。

なるほど！瀧川先生の　プチ・レク！

食育の基本

食べることは生きるための基本です。領域「健康」の内容を踏まえると、食育は"食べる喜びや楽しさを味わう"ことが基盤になり、そこから"食べ物への興味や関心"が生まれていきます。そのためには、温かみがあり、食欲がより豊かに湧いてくるような環境づくりが大切です。そして、「みんなと食べるとおいしいね」という経験が積み重なる中で、食習慣を形成するための環境づくりを意識できるといいですね。

広がりのある食育のための環境づくり

"食を営む力"を育むために、「保育所における食育に関する指針」（平成16年）によると、子どもの発達の観点から「食と健康」「食と人間関係」「食と文化」「命の育ちと食」「料理と食」の5つが取り上げられています。この5つの観点を意識した環境づくり（「三色食品群」や「日本の食文化」の掲示物　など）によって、食育に広がりが生まれます。さらに、物的環境（お茶の葉や乾物、梅干し　など）があると、子どもたちの食に対する興味や関心が広がっていきます。

製作活動につなげよう

0歳児 1歳児 2歳児 3歳児 4歳児 5歳児

製作活動につながる保育環境を考えてみましょう。どの年齢においても「いろいろな素材に触れる」ことが大切ですが、作る活動が促されていくためには、発達に応じて保育環境を工夫したり、援助の仕方を変えていったりすることが必要です。そのようなポイントを一緒に考えていきましょう。

●いろいろな素材に触れる 0歳児 1歳児

まずは「触る」「いじくる」「つまむ」「握る」「こねる」などの行動がいっぱい出てくる活動を楽しみましょう。その中で、「硬い」「柔らかい」「弾力がある」「ふわふわ」「つるつる」など、いろいろな感触を感じられる物を用意しましょう。

> ひっぱるのたのしい!

▲ 手作り玩具は少しの工夫でいろいろな素材を使うことができます。

> あないっぱいできた!

▲ 小麦粉粘土に型押しできるように丸めた段ボール板や、ハンバーガーとサンドウィッチが作れるような丸や三角の段ボール板を用意します。小麦粉粘土のような感触遊びも、いろいろな素材を組み合わせると造形活動になりますね。

Good
いろいろな素材に出会い、触れる中で、その素材の質感や特性を知っていくことができる環境になっています。そのことが後の製作活動を支える土台になります。

●作る活動の芽生え 2歳児 3歳児

2・3歳児になると、自分のイメージをもちながら遊べるようになっていきます。その中で、いろいろな素材を用意することで、その質感や特性を知っていきます。

◀ カラフルなビーズやボタン、緩衝材、毛糸などの素材やプラカップなどを選べるように用意します。子どもが選びやすいように、ペットボトルやプラスチックのお椀に入れています。

> なんのハンバーガーにしますか?

▲ お店屋さんごっこができるような環境づくりをします。フェルトのハムやチーズ、レタスなどが挟めるようになっています。また、自分たちで作ったピザもお店に並んでいます。

Good
いろいろな素材を組み合わせて、自分なりに作る活動を何度も繰り返し楽しむことができます。その中で、子どものイメージがより豊かになっていきますね。

●いろいろな素材に触れる ④歳児 ⑤歳児

4・5歳児の製作活動では、複数の素材の中から選択することができる環境を整えると良いでしょう。

どんなのつくろうかな？

▲ 日常の保育環境として、子どもが使いたくなる素材を置いておくと、「これでなにかをつくりたい！」という意欲も生まれやすいですね。

Good

「これで何ができるかな？」「これとこれを組み合わせて作ってみようかな？」「大きいの作りたいから、硬くて大きいやつがいいかな？」などのように、素材の質感や特性を感じ、気付きながら、自分の思いを形にしていく環境をつくると良いでしょう。

8月

●製作活動を進めていくために…

4・5歳児の製作活動では、多様な素材に触れるとともに、イメージを豊かにしたり、先の見通しをもちながら活動を進めたりすることも大切です。また、設定保育の環境構成を考えておくことも大切でしょう。

画用紙に描いた設計図をもとに、▶
ビー玉転がしを製作しました。

◀ 友達とやり取りしながら製作活動を進められるように、ゆったりとテーブルを配置しています。

製作活動を終えて…

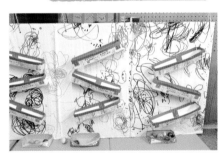

◀ 一歳児クラスで、模造紙にいろいろ描いたものを、転がし遊びの背景にしました。

5歳児クラスで運動会後に製作したものを、ラップの芯を望遠鏡に見立ててのぞいてみましょう。作った後も遊びにつながる飾り方ですね。

なるほど！瀧川先生の プチ・レク！

様々な素材に触れることから始まる

製作活動は、領域「表現」に示されているように「水、砂、土、紙、粘土など様々な素材に触れて楽しむ」（指針）、「生活の中で様々な音、形、色、手触り、動きなどに気付いたり、感じたりするなどして楽しむ」（要領・指針）といった感性を育むことが土台になります。そして、作る過程の中で素材に触れ、その素材の質感や特性に気付いていくことも大切です。

感じたこと、考えたことを形にしていく

「いろいろな素材に親しみ、工夫して遊ぶ」「感じたこと、考えたことなどを音や動きなどで表現したり、自由にかいたり、つくったりなどする」「かいたり、つくったりすることを楽しみ、遊びに使ったり、飾ったりなどする」とあるように、子どもたちが自由感を感じながら製作活動を楽しんで進めていけるように、環境づくりをすることや援助していくことが大切です。

ごっこ遊びが楽しくなる工夫をしよう

1歳児 2歳児 3歳児 4歳児 5歳児

ごっこ遊びは子どもの様々な育ちを支える遊びです。ごっこ遊びが楽しくなる環境を「つもり遊び」「見立て遊び」「遊びをつくり出す」の視点を踏まえて、保育環境の側面から考えてみましょう。

●「つもり遊び」が豊かになるように

「○○しているつもり」というのは、ごっこ遊びのおもしろさの一つです。いろいろな「つもり遊び」ができるように、子どもが「つもり」になりやすいような物的環境やスペースを用意しましょう。

きれいになるかな〜？

拡大すると

◀ つなげたペットボトルにハンガーを通し、ペーパー芯を柄にして作った掃除機です。中には、ピンポン玉やスポンジなどが入っています。掃除機で掃除をしている「つもり」になれるのがいいですね。

▲ たくさんの聴診器、注射器、手作りのマイクが用意されています。子どもたちが同時に遊べるようになっていますね。

 Good

子どもが「○○しているつもり」になって遊べる環境になっていますね。「私も遊びたい！ やってみたい！」が生まれそうですね。

●「見立て遊び」が豊かになるように

「物を何かに見立てて遊ぶ」というのは、ごっこ遊びならではの子どもの姿です。見立てられる物が複数あると、子どものイメージが広がり、組み合わせて使うなど工夫しながら、ごっこ遊びが豊かになっていきます。

うどんつくるんだ！

なにあじのジュースにしますか〜？

▲ 花型ビーズやカラーひもを小分けにして用意しています。組み合わせ方次第で、いろいろな料理が作れて楽しいですね。

▲ 複数色のチェーンリングを色分けして器に入れ、ジュースに見立てています。おたまですくって、コップに移し替えて遊ぶことができます。

Good

チェーンリング、花型ビーズ、毛糸やカラーひも、フラワーペーパー、お手玉などは、ジュースになったり、食べ物になったり、自在に変化します。「見立て遊び」にぜひ使いたい物的環境の一つです。

●「ごっこ遊びの場をつくり出す」ための環境

4歳後半〜5歳になると、自分たちでごっこ遊びの場をつくり出す力が育ってきます。子どもたち自身がつくり出すことによって、主体的なごっこ遊びが展開されることでしょう。

ジャングル探検ごっこ

エレベーターごっこ

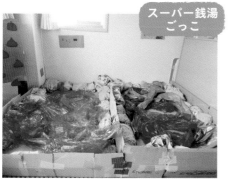
スーパー銭湯ごっこ

8月

▲ 段ボール板を立てて、エレベーターに見立てています。フロアのボタンなどを貼っています。

▲ 段ボール箱やスズランテープ、新聞紙を使って、ジャングルを作っています。

▲ 丸めた新聞紙で石の縁を作り、その中にカラーポリ袋を入れて、温泉に見立てています。女湯、男湯に分かれています。

洗い場を作っています。鏡や風呂の蛇口、シャンプーなどを置く台を貼り付けています。段ボール板を立てて、

拡大すると

▲ 牛乳パックを土台にして風呂の蛇口を作っています。シャワーも付いています。

Good
様々な素材を使って、「場所や空間を見立てて遊ぶための場」をつくることができますね。

●ままごとをするための工夫

拡大すると

洗濯バサミと割り箸、ビニールテープを使って、手作りのトングを用意しました。トングを使えば、1〜2歳児でも物をつかむ遊びが広がります。

▲ 三段ボックスに人形の名前と写真を貼った箱を入れて、人形の家を作っています。

キャスター付きのワイヤーラックと段ボール箱で冷蔵庫のできあがり。ままごとのアイテムとして大活躍です。

なるほど! 瀧川先生のプチ・レク!

ごっこ遊びの基本

ごっこ遊びには、料理を作る遊び（ままごと）、食べるふり・寝るふりなどのふり遊び・つもり遊び、物や場を見立てる遊び、身近な人物などになり切る遊びなどの多様なバリエーションがあります。それを土台に「家族ごっこ」「お店屋さんごっこ」などの他児との関わりが必要となるごっこ遊びが生まれてきます。

ごっこ遊びの力を育てる

ままごと遊びなどは、物的環境としての場や物があれば遊ぶことができますが、子どもの発達に合わせて、一年かけて育てていくためには、保育環境を再構成していく必要があります。「見立てる力」「イメージする力」は、ごっこ遊びの場では保育者と子どもとの関わり、子ども同士の関わりの中で豊かになっていきます。そして、3歳児クラス後半以降になってくると、言葉のやり取りが生まれ、「〇〇しているつもり」の世界を共有しながら、人と関わる力や言葉の力が育っていきます。そのためには、人的環境としての保育者の役割も大切です。

絵本を更に活用しよう

3歳児 4歳児 5歳児

絵本の置き方や活用方法を保育環境の視点から捉えてみると、子どもにとっての絵本へのアクセスのしやすさ、興味のもちやすさ、選びやすさなどの点でいろいろな工夫ができます。そんな絵本の保育環境の工夫を見てみましょう。

● 絵本の見せ方・場のつくり方

多くの子どもは、表紙の絵から絵本を選びます。書店では、表紙が見えるように本の置き方を工夫していますね。それと同じように、保育室での置き方や見せ方の工夫をすると良いでしょう。

Good
本棚で区切り、床にマットを敷くことで、絵本を読むスペースが確保されています。また、ソファーやテーブルがあることで、ゆったりと自分のペースで読むことができます。

 入り口のすぐ近くに本棚を置いています。また、絵本は季節に合ったラインナップでそろえています。

Good
絵本を保育室のどこに置くかで子どもの手に取りやすさは違います。保育室に入ってすぐに本棚があると、子どもの視野に入りやすいですね。

▲ 玄関ホールに本棚を設置しています。

Good
玄関ホールで保護者と子どもが一緒に絵本を手に取り、コミュニケーションが生まれます。

◀ 棚板が斜めになるように、奥を手前よりも高い位置に設置しています。

Good
棚の角度を少し変えることで、子どもたちは表紙を見ながら絵本を選ぶことができます。

● 絵本の活用方法

遊びや活動と絵本の保育環境を結び付けてみましょう。特に飼育・栽培などの科学絵本・知識絵本、図鑑などを子どもたちが活用しやすい保育環境を工夫してみると良いでしょう。

▶ 飼育物や、園庭で拾ったマツボックリやドングリのすぐ近くに、本棚を設置しています。

8月

Good
自分たちが育てている生き物や拾った自然物について、もっと詳しく知りたいと思ったときに、いろいろな図鑑をすぐ手に取って調べることができます。

▲ 色が題材の絵本のそばに、同じ色を作れるよう色水やカラーセロハンを用意しています。

Good
絵本に出てくる様々な色を自分たちで試行錯誤しながら作ることができます。遊びのきっかけに絵本を活用しています。

▶ 病院ごっこコーナーの横に、けがや病気に関係する絵本を置いています。

Good
病院ごっこを進めていく中で、子どもたちのイメージがより広がる工夫になっています。

▲ 種を入れたかごの横に、種の図鑑を置いています。

Good
自分たちで見つけたり育てた植物から取ったりした種を、調べることができます。

なるほど！瀧川先生の プチ・レク！

絵本の保育環境にねらいを込めて

絵本へのアクセスのしやすさは、置き方によって変わります。表紙が見えるように、出入り口の近くに、遊びや活動の場のそばになど、置き方は保育者の工夫のしどころです。そして、それは保育環境のねらい・意図に密接につながります。例えば、種に興味をもったら調べやすいように種の本を置くなどすると、子どもの活動がより豊かになる可能性があります。また、10の姿の「社会生活との関わり」の"情報の活用"の育ちにもつながってきます。

思わず体を動かしたくなる
仕掛けをつくろう

0歳児 1歳児 2歳児 3歳児 4歳児 5歳児

魅力的な環境があると、子どもは思わず体を動かしたくなり、夢中で遊びます。そのような保育環境を0・1・2歳児の保育室内の環境と、園庭遊びの保育環境の二つの側面から考えてみましょう。

●全身を使う動きにつながる
0歳児 1歳児 2歳児

0・1・2歳にとって、保育室内をハイハイしたり歩き回ったりすることは、全身を使う大切な遊びの一つです。子どもたちが思わず体を動かしたくなるような環境を用意しましょう。

▲ 保育者が子どもたちの前で犬の玩具を引っ張り、子どもたちと一緒に散歩します。楽しい雰囲気で遊べるといいですね。

まてまて〜

▲ 中央に折り畳んだマットを敷いて、山を作ります。ハイハイで登ったり下りたりするなど、踏ん張る活動を取り入れましょう。

よいしょ！

▲ フープにマットを通して、トンネルを作ります。フープを支え代わりにして、たっちも促せるといいですね。

Good
興味を引く物や人的環境としての保育者の関わりが大切にされており、「思わずハイハイしたくなる環境」になっていますね。

◀ ウレタンマットなどを組み合わせて、段差のある場
▼ を作っています。バランスを取りながら身体を動かすことを楽しむことができます。

とどきそう！！

▲ 保育室にひもを張って、風船をつるします。背伸びはストレッチになるので、手を伸ばして背伸びをし、風船に触りたくなるような工夫をしています。

Good
1・2歳児になってくると、昇降運動につながる段差のある環境や、背伸びをして高い所にある物を触ろうとするような環境があると、思わず全身を動かしたくなりますね。

● 園庭で体を動かす

本来、園庭では様々に体を動かす遊びができます。運動遊びとして決められた時間に体を動かすだけではなく、園庭のあちこちに子どもたちが動き回れるような「仕掛け（物的環境）」を用意すると良いでしょう。また、3・4・5歳児には、子どもたちが主体となって、自分の力で遊べるような工夫を取り入れましょう。

▲ 雲梯の下に台を置くと、安心して渡りやすくなります。高い台から低い台へと、少しずつ難易度を上げてもいいですね。

9
月

▲ 二人組になってフープで列車ごっこです。フープ一つでしぜんと動き回りたくなりますね。

▲ 車の絵が描いてある段ボール箱を引っ張って走ります。

▲ 自由遊びの時間に、平均台や巧技台などを組み合わせて遊べるように用意しています。

● 日常の遊びとして

運動会の直前の練習としてではなく、日常の遊びの中で玉拾いや玉入れの遊びができる環境を整えています。

はいった～！

Good
ふだんから玉拾いや玉入れを行なえる環境なので、しぜんと運動会などの行事につながります。

けんけんぱっ！

▲ フープを並べると、ケンパをして進みたくなるような環境になります。

Good
体を動かす気持ち良さや、体を使って遊びたいという意欲を引き出してくれるような遊びや環境がたくさん見られますね。

なるほど！瀧川先生の プチ・レク！

体を動かす遊びの基本

領域「健康」には、「自分の体を十分に動かし、進んで運動しようとする」というねらい、「いろいろな遊びの中で十分に体を動かす」という内容が示されています。これは専門的な体育指導を求めているのではなく、日常の遊びの中で体を動かしたり、運動遊びをしたりすることで体を動かす気持ち良さや意欲を育み、体の諸機能の発達を促すことを意味しています。

体を動かす遊びを豊かにするための環境

体の諸機能の発達を促すためには、様々な動きを経験していくことが大切です。「歩く」という動きも、平坦な道、坂道、段差や細い所など、場所によって歩き方（筋肉の使い方）に違いが生まれます。また、フープや平均台などの物的環境を整えることで、新たな動き方を経験できます。様々な動きを経験できる環境構成を考えることはとても大切なことですが、体を動かす気持ち良さや意欲を育むためには、「おもしろそう！」と心が動く「仕掛け」も考える必要があります。

夏 9月

体を動かす楽しさを感じられるようにしよう

3歳児 4歳児 5歳児

身体的に著しい発達が見られる乳幼児期。体を動かす楽しさは、子どもが思わず遊びたくなる環境の中で体を動かすからこそ生まれます。そのような保育環境の工夫を見てみましょう。

● いろいろな動きが楽しめるように

歩く、走る、跳ぶ、投げるなどの基本的な体の動きだけでなく、それらの動きを組み合わせながらコントロールする力や、バランス感覚を育むことが大切です。そのためには、園庭に置く物やラインのコースを工夫してみると良いでしょう。

◀ ヒョウタン形に白線を引き、三輪車の走るコースを作っています。

Good
曲線を描くだけで、先を見ながらハンドルとスピードをコントロールして走ることができます。

拡大すると

◀ 園庭にはしごなどを用意しておきます。

Good
サーキットのコースを本格的に作らなくても、はしごが一つあるだけで体を動かす遊びが生まれます。

▲ 運動会後、曲線を描いておくと、しぜんとリレー遊びに。

Good

直線だけでなく、カーブしながら走ることで、柔軟に体を動かせるようになっています。

拡大すると

▲ 園庭の端に、得点を狙って投げられる布をつっておきます。

Good
得点がいろいろな高さにあるので、投げるときの力の入れ具合などを自分でコントロールしながら投げて遊ぶことができます。

● 体を動かす遊びを楽しめるように

誰もがやってみたくなるような遊びができる保育環境を用意してみましょう。子どもたち自身が、道具や遊び方を工夫できる保育環境を考えてみると良いでしょう。

▲ 園庭に排水口を埋め込めば、ゴルフのホールになりますね。

▲ 園庭でテーブルをつなげて、卓球台に。また、両サイドには段ボール板を貼って、球が落ちないように壁にしています。

ゴルフセットはラックにまとめて用意しておきます。パターは木の枝を組み合わせたもの、ボールはマツボックリを使っています。 ▶

Good
卓球を楽しめるように、仕切りを作っているのがいいですね。更に、園庭にいる他の子どもに球が当たることなく開放的に遊ぶことができます。

9月

● 自分たちでどんどん遊びを進めていけるように

「自分たちでやりたい」「もっとやりたい」といった意欲や挑戦する心を引き出すためには、子ども自身に任せる保育環境の工夫が必要です。

◀ 運動会で行なう競技に向けて、ウォールポケットに縄跳びや竹馬などの絵カードを入れておきます。難易度順に縦に並んでいます。

拡大すると

▲ 大縄を使って自分たちで遊びを進めていきます。

Good
自分たちで大縄を使って遊ぶことができるように、子どもが立つ台などをあらかじめ用意しているのがいいですね。

Good
自信をもってできるようになった競技のカードを自ら保育者に渡していくので、達成感を得られます。また、保育者は子どもの様子を意識して見ることができるのもいいですね。

なるほど！瀧川先生の プチ・レク！

遊び心をくすぐる保育環境の工夫を

運動遊びや体育指導の中で体を動かす経験をするだけでなく、ふだんの遊びの環境の工夫で、その楽しさを感じられることが大切です。遊ぶ中で体を動かす気持ち良さや意欲を育むためには、まず、子どもの遊び心がくすぐられて、「おもしろそう！」と心が動く保育環境や仕掛けを考える必要があります。様々な動きを経験できるような環境づくりを考えてみると良いでしょう。

生活と遊びの自立につなげよう

(0 歳児)(1 歳児)(2 歳児)(3 歳児)(4 歳児)(5 歳児)

子どもが自立していく過程で、特に意識して「育てる」ためのポイント (意図的な環境) や、生活と遊びの中に埋め込まれた学びの視点から、保育の環境づくりを考えていきたいと思います。

● 手指の育ちのために (0 歳児)(1 歳児)(2 歳児)

手指の柔軟な動きは、乳児の生活と遊びの自立に欠かせません。手指が柔軟に動くようになると、衣服の着脱、食事のときのスプーンや箸の扱いなどが少しずつスムーズになっていきます。

> さわるの
> だいすき！

▲ 様々な鍵やスイッチを取り付けたボード。

クル
クル

> しめられた！

▲ ボトルキャップを締められるように、裏から
ペットボトルの口を出しています。

Good

「おもしろそう！」「やってみたい！」という気持ちや意欲を引き出しながら、いろいろな手指の動かし方をできるのがいいですね。

● 遊びを引き出し、気付きを促せるように (3 歳児)(4 歳児)(5 歳児)

子どもたちが意識的に見たり調べたりできる環境があると良いでしょう。

> むしメガネでみたら、
> おおきくみえるよ！

自分でいつでも、いくつでも好きに折り紙ができる環境があると、子どもたちは安心して作れますね。

▲ 虫や生き物などの紹介を掲示したり、虫眼鏡を
近くにぶら下げたりしています。

こまを回したときの色
や模様を写真に撮って、
掲示しています。

> いろいろなもようが、
> きれいでしょ！

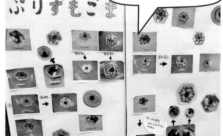

Good

子どもが興味をもつような掲示物の工夫があることで、子どもは自分の思いをもって対象に関わり、遊びを進めていくことができますね。

● 伝えたいことを伝える工夫

一年を通した保育の流れの中で、子どもたち全員に伝えていきたいことは、園の共用スペースに貼ると良いでしょう。

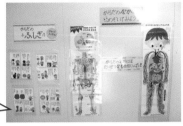

> わたしたち、こんなことにきづいたよ！！

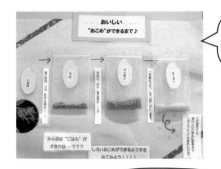

> おこめって、こうやってできてるの?!

> からだのなかって、ふしぎ！

▲ 年長児が発見したこと、気付いたことを他の子どもたちに伝えていく発見カードです。

Good

共用スペースに貼ることで、異年齢の関わりも生まれるかもしれませんね。また、「発見カード」は文字だけでなく、絵で表すのもいいですね。

9月

● 数や文字などの認識を育てる

数や文字などの学びは、様々な遊びや生活の体験、意識的な保育の環境として取り入れることも必要です。

> 「どんぐり」って、スタンプおしてるの

スタンプ遊びの一つとして、文字▶スタンプを取り入れることで、お店屋さんごっこのメニューや商品を作ることができます。

拡大すると

> どんぐり、いくつあるかな？

▲ お菓子の空き箱なども、数をかぞえるときの大事な教材になります。

0歳児 **1**歳児 **2**歳児

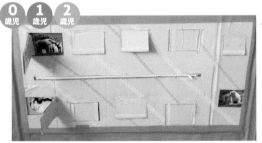

◀ 0〜2歳児クラスでは、「隠れているものは何か」というような認識を育てる保育の環境もあると良いでしょう。「いないいないばあ」で開けて遊べるといいですね。

Good

ワークなどの意図的な学びの教材を使うのも一つの方法ですが、生活や遊びの中で、しぜんに数や文字の認識が育つというのがいいですね。

なるほど！瀧川先生のプチ・レク！

生活と遊びの自立のために

生活の自立とは、生活に関わる活動を子どもが「楽しい」と感じながら、「ジブンデ！」という思いをもって、しぜんにできるようになる（身についていく）ことが大切です。領域「人間関係」の観点は、「他の人々と親しみ、支え合って生活するために、自立心を育て、人と関わる力を養う」とあります。ねらいの一番目には、「自分の力で行動することの充実感を味わう」となっていますが、これは園での生活や遊びを通して「自立」を育んでいくことが人間関係の育ちとして大事だからです。

子どもの認識の育ちを意識した保育環境

子どもたちが主体的に生活や遊びを進めていく力を育むことを大切にしながらも、意図的・計画的な環境を用意することによって、子どもの遊びや気付き、「知りたい！　伝えたい！」という思い、そして様々な認識を育てていくことも大切なことです。

Chapter ③ 秋 Autumn

環境を見直すとは？

子どもたちは自分の発達に合った物的環境で何度も繰り返し遊びますが、数か月から半年経ってくると、その遊びに習熟して、発達に比べて簡単に感じてしまうようになり、興味をもたなくなってしまいます。だからこそ、子どもの興味や発達に応じて、保育環境は一年の間に何度も見直していく必要があるのです。

主体的な活動のための工夫を！

秋になると、これまで経験してきたこと、様々な体験を通して育ってきたことを生かしながら、遊びに広がりや深まりが生まれるとともに、子ども同士の関係も育っていきます。そのためには、「子どもが自発的、意欲的に関われるような環境」を構成することや、「様々な役割を果たし、その活動を豊かにしていくような援助」が求められます。

タイトルのキーワードや #遊びのキーワード から、
秋の環境づくりに役立つヒントを見つけて遊びに反映させましょう。

秋の #遊びのキーワード

手作り玩具

絵本

積み木

ごっこ

ままごと

製作

自然

園庭

ごっこ遊びにつなげよう

1歳児 2歳児 3歳児 4歳児 5歳児

ままごと、ふり遊び、見立て遊びなどのごっこ遊びは、子どもにとって、とても魅力的で大切な遊びです。生活を再現して遊ぶ中でイメージしたり、体験したことやお話の世界を再現したりしながら、状況設定やストーリーをつくったり、遊びに必要な物を作り出したりする力なども育っていきます。

●物を扱う・見立てる・まねる 1歳児

1歳児は、皿や器の中に入れた物を移し替えるなどしながら遊ぶことが楽しいと感じます。そして、友達や大人のまねをして遊ぶ中で、徐々に「見立て遊び」「お世話遊び」へ移行していきます。

おりょうりしているの！

きれいにしてあげてるの！

Good 一人ひとりがしっかりと遊べる物的環境が用意されているのがいいですね。

●見立てる・ふりをする・つもりになる 2歳児

2歳児になると、料理を作ったり、作った料理を見立てたりしながら、ごっこ遊びが豊かになっていきます。日常を再現する遊びの展開を中心にしながら、体験したことを再現する遊びも経験できると良いでしょう。

おふろごっこだいすき！

◀ ポンプ式容器や洗面器、お風呂のイスを用意しています。

IHコンロだよ！

Good 生活を再現しやすい物的環境があることで、思わず遊びたくなるごっこ遊びのコーナーになっていますね。

低年齢児のごっこ遊びの環境の工夫

▲ ロッカーやウオールポケットの活用

▼ 人形に名前をつける

▲ 見えやすいように斜めに置く

●「ふり遊び」から「やり取りのある遊び」へ 3歳児

3歳児になると、内面のイメージする力の育ちに伴い、「ふり遊び」「つもり遊び」が豊かになり、言葉のやり取りがしぜんに生まれるごっこ遊びが始まります。

> おいしゃさんごっこでいっしょにあそぼう！

▲ 白衣や聴診器だけでなく、薬なども用意しています。

◀ ままごとコーナーでは、いろいろなものに見立てやすい物や、調味料や洗剤、しゃもじなどのより生活感のある物があると良いでしょう。

Good
現物や本物に近い物を用意することで、より本当の大人のようになり切れるのがいいですね。

● ごっこ遊びの状況をつくり出す 4歳児 5歳児

10月

4歳児になると、ごっこ遊びがよりおもしろくなるように、自分たちで作り出そうとします。5歳児になると、自分たちで遊びに必要な物を作り出したり、場や状況設定をつくったりしていけるようになり、ごっこ遊びが豊かになっていきます。

> てんぷらとやくみはいかがですか？

> マカロンはいかがですか？

▲ 遊びに必要な物を作り出せるように、
◀ いろいろな素材や廃材を用意しています。お店屋さんごっこの食べ物などを保育者と作って、それを使ってごっこ遊びを楽しみます。

> テレビとリモコンをつくったよ！

拡大すると

▲ 子どもたちで互いにイメージや考えを伝え合い、知恵を出し合って遊びをつくり出します。

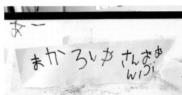

Good
造形活動として作った物も、ごっこ遊びのお店屋さんに使うと遊びが広がりますね。

> マカロンやさんのかんばんができた！

なるほど！ 瀧川先生の プチ・レク！

ごっこ遊びは総合的な遊び

ごっこ遊びは乳幼児期特有の遊びですが、「イメージや想像力が豊かになる」「他児との関係の育ち」以外にも、「言葉のやり取りによる言語能力の発達」「いつもと異なる立場の経験」「遊びに必要な物を作り出す力」「なり切るなどの身体表現」といった五領域とも関連した総合的な育ちの視点からも捉えることができます。

発達を踏まえたごっこ遊びの保育環境を

ごっこ遊びは、1歳児前後の物を扱う遊びや、大人のやっていることを見てまねする遊びが出発点になります。1歳後半〜2歳頃から、少しずつ「見立てる」「ふりをする」「つもりになる」といったごっこ遊びが始まります。また、5歳児になってくると、自分たちで状況をつくり出しながら遊ぶ力が芽生えていきます。そのため、ごっこ遊びの保育環境は発達に応じて、育てたいこと、経験してほしいことを考えて整える必要があります。

秋

イメージが広がり、遊びを深められるようにしよう

3歳児 4歳児 5歳児

10月　遊びが豊かなときは、その遊びの中で子どもたちがたくさんのイメージを膨らませています。つまり、子どものイメージが広がる工夫があると、遊びが豊かになります。そんな保育環境を考えてみましょう。

● ごっこ遊びを通してイメージが広がる

生活経験や体験が基になるごっこ遊びでは、食材に見立てられる物だけではなく、なじみのある物的環境があると遊びのイメージが広がります。また、何かになり切れたり、電車やバスに見立てたりできる物的環境があると、行動がイメージしやすく遊びが広がります。

◀ ままごとコーナーに焼き網を置いています。お手玉をお餅に見立て、焼き始めました。

Good 焼き網が1枚あるだけで、焼肉やバーベキューなど、いろいろな食材を焼くイメージが広がります。

▲ ままごと台の前に、食材が掲載されている広告紙を貼っています。

Good 目の前に広告紙を貼ることで、料理を作るイメージが広がります。

◀ レースのカーテンを付けておしゃれに。ワイヤーネットには、おたまやしゃもじ、花形ビーズ、スポンジなどを掛けています。

Good 複数のおたまや、花形ビーズなどの見立てられる物があるので、料理やデザートを作るイメージが広がりますね。

▲ 手作りの郵便屋さんの制服を用意しています。かばんも一緒に。

Good なり切って遊ぶためには、身に着ける衣装や小道具があると、イメージしやすくなりますね。

段ボール箱を使って▶電車やガソリンタンクを作っています。

Good 簡単な電車やガソリンタンクがあるだけでも、遊びの幅が広がりますね。

●作る中でイメージが広がる

イメージをもって作る、作る中でイメージが生まれて広がっていく、この二つの循環が大切です。そのためには、一つ作っておしまいではなく、何度も繰り返したり、改良を加えたりすることができるように、余裕のある物的環境を準備すると良いでしょう。

◀ 側面を切り抜いた段ボール箱をたくさん用意しておくと、クラフトテープでつなげて長いトンネルになりました。

▲ 発泡トレイや油性ペン、布テープを用意していると、船作りが始まりました。

Good
船を浮かばせることよりも、船に乗っている家族のイメージを膨らませながら作っていますね。物的環境の充実が、子どものイメージを広げていますね。

Good
どんどんつなげていったトンネルから、アリの巣のイメージが広がり、アリの巣ごっこが生まれました。

拡大すると

◀ 園庭で野菜スタンプができるように用意しています。

10月

拡大すると

▲ レールをつないで電車を走らせます。池や野原に見立てたフェルトなども用意しています。

Good
フェルトなど、レール以外にも組み合わせることができる素材があることで、更にイメージが膨らみますね。

Good
子どもがイメージを膨らませながら、何度もスタンプ遊びができるような環境になっていますね。また、開放感のある園庭だからこそ、何度もチャレンジしやすいですね。

なるほど！瀧川先生の プチ・レク！

イメージが触発される物的環境を

１０月になると、クラスの子どもたちの遊ぶ力がどんどん育ち、それぞれが思いやイメージをもって、意欲的に遊びます。そんなときにイメージが触発されるような物的環境に出会うと、新たなイメージが生まれ、広がります。子どもの日常生活で出会っている物も、意識的に取り上げれば物的環境になります。また、イメージが膨らむと、どんどん繰り返したくなり、ダイナミックになるので、たくさんの素材や広い場があるとよいでしょう。

秋
10月

環境を見直して
つくり変えよう

0歳児 1歳児 2歳児 3歳児 4歳児 5歳児

子どもたちの思いやイメージが広がるこの時期には、多様な遊びが生まれ、その質も変化してきた様子が見られるでしょう。また、他児との関わり方にも広がりが生まれます。そのような視点から保育環境の見直しを考えてみましょう。

●場を広げる・配置を変える・新たな物を用意する

遊びが質的に変化してきたら、遊びの場や空間を広げたり、物の配置を変えたりして、環境の再構成をしてみましょう。また、今ある保育環境をがらりと変えるのではなく、新たな物を置くことによって、遊びが広がります。

◀ 最初はじっくりと遊べるよう
▼ に棚で仕切って、少人数で遊べるようにしていましたが、置き場所を広いスペースに変えることで、友達とイメージをやり取りしながら遊べるようになりました。

> もっとながくしよ！

Good

ままごとや園庭での遊びが、いつも同じパターンでマンネリ化しているときには、遊びが広がりそうな物を用意して環境の再構成をしてみるといいですね。

◀ 初めは落ち着いて遊べるように
▼ キッチン棚で角をつくっていましたが、向きを変え、ソフト積み木やハンガーなどを用意すると、子どもたちが他児とやり取りをしながら遊ぶ姿が増えました。

園庭の遊具のそばにタイヤを置くと、▶
また違う遊びにも広がりました。

> あっちまでころがそう

●子どもと一緒につくり変える

遊びの質的な変化に合わせて、子どもたちと一緒に保育環境をつくり変えていくことも環境の再構成の一つです。

▲ 最初は穴のあいた段ボール箱にトイレットペーパーなどを入れて遊んでいた保育環境を、更につい立て風にして変化させました。

Good 乳児の「入れ込み遊び」は、保育環境を変えていくことによって、小さなものからダイナミックなものへ、更により大きなものへと遊びの内容の変化を生み出します。

もともとは段ボール箱で迷路遊びをしていましたが、次第に糸電話と融合して遊びが発展していきました。

◀ 迷路遊びで使った段ボール箱同士を糸電話でつないでいます。

●時季に応じて

その時季ならではの「掲示物」を貼ることも環境の再構成になります。

▲ 子どもたちが稲刈りをした初秋には、白米ができるまでの過程を掲示していましたが、秋が深まると園庭の木の紅葉についての掲示に変更しました。

なるほど！瀧川先生の プチ・レク！

保育環境の見直しのポイント

ここでは、「場を広げる、配置を変える」空間としての環境の見直し、「新たな物を用意する」物的環境の足し算的な見直し、「遊びの変化を生み出す環境」として、遊びの質的変化に応じて、バリエーションが広がりながら発展していく環境の見直し、更には時季に応じた「意図的な保育環境の変化」を取り上げています。環境の再構成とは、子どもの遊びの様子を踏まえながら、場や空間、物が変化する中で、遊びの内容がどのように変化していくかを見通して保育環境をつくり直して改善していくことです。

秋の自然で五感を育もう

秋 **11月**

1歳児 **2**歳児 **3**歳児 **4**歳児 **5**歳児

秋の自然には、落ち葉や木の実、花の匂い、更には虫の鳴き声などがあります。特に紅葉する植物は色合いが変化し、木の実なども熟していく過程で色合いや大きさが変化していきます。秋特有の植物や小さな虫に触れることで、命を考える機会にもなります。

● 秋の自然にふれる体験ができるように

まずは「触って、ふれる」体験ができる環境があると良いでしょう。木の実、花や落ち葉など、様々な感触を味わい、匂いや大きさに気付くような経験ができるようにしておくと良いでしょう。

> オレンジジュースだよ。いいにおい！

◀ 水にたくさんの花を入れました。

> みて～！ころがしたら、おもしろいよ

> おいしいケーキができたよ！

◀ 木の実を載せて、トッピングしました。

◀ ドングリの形によって、様々な転がり方をすることを発見しました。

Good

一人ひとりがしっかりと遊べたり、見立て遊びができたりする物的環境が用意されているのがいいですね。

● 様々な活動への展開

自然の素材は、製作や造形遊びの材料にもなります。また、戸外へ出て秋の自然を積極的に発見できるような環境づくりができるといいですね。

> ならべたらおもしろいよ

> なにつくろうかな？

◀ 子どもたちが使いやすいように、牛乳パックで小分けしています。

> あきのしぜんをみつけにいこう！

◀ 写真カードを首からぶら下げられるようにしています。また、すぐに持って行けるようにテラスに置いてあるのもいいですね。

Good

園庭や地域の自然環境が豊かな園であれば、「秋探し」のような活動を通して、子どもたちの関心や気付きを育むことにつながりますね。

●掲示や展示の工夫

秋の自然物を使った遊びや活動をするだけでなく、作った物の掲示や展示も工夫したいところです。見たり、触れたりするだけでなく、秋の自然に関心を向けることができるように、落ち葉やドングリなどのクイズがあると、子どもの認識も広がります。

▲ 子どもたちが作った物を、保育室や玄関ホールに飾ると、園内全体で秋を感じることができますね。

◀ 落ち葉を画用紙に貼って、ラミネート加工してから切り抜いています。「なんのはっぱかわかるかな？」と問い掛けています。

▼ サクラの葉の色の変化を掲示しています。

コナラかな？
こたえ、
めくろう！

Good

葉の色の変化や、いろいろなドングリに関心が向けられるような環境がいいですね。

●コーナーづくりの工夫

「秋の自然コーナー」は、子どもが見たり、感じたり、触ったり、匂いを嗅いだりしてみたくなるような環境づくりを意識すると良いでしょう。一度環境を整えたら終わりではなく、少しずつ変化させて、見たり、触ったりしたくなるような「仕掛け」を考えてみると良いでしょう。

きんもくせいって、いいにおいなんだよ！

▲ ドングリを小分けにして入れたり、虫眼鏡を一緒に用意したりしています。

Good

小分けにしたり名前プレートを付けたり、図鑑と同じことを試してみたりすることで、秋の自然への興味や関心が更に深まりますね。

◀ 図鑑を見ながら、集めた落ち葉を分類できるようになっています。

▲ 図鑑を参考に、ドングリ（クヌギの実）を埋めました。

11月

なるほど！瀧川先生のプチ・レク！

自然との出会いを大切に

領域「環境」の「内容」には、「自然に触れて生活し、その大きさ、美しさ、不思議さなどに気付く」「季節により自然や人間の生活に変化のあることに気付く」「自然などの身近な事象に関心をもち、取り入れて遊ぶ」ということが示されています。自然は子どもの周りに一年中ありますが、子どもたちが「自然に出会う」ような機会と、「気付く」「関心をもつ」「取り入れて遊ぶ」というような保育内容や援助を考えることが大切です。

環境構成の工夫を

子どもたちが自然に出会い、興味や関心をもつことの工夫が大切ですが、そのためには、周りにある自然を「教材研究」することが必要です。その際、子どもたちが自然とふれ合っていく中で、どんなことを感じたり、気付いたりしてほしいのかを考えることが必要です。手触り、色合い、匂い、木の実や果実の味わい、更に虫の声など、視覚・触覚・嗅覚・味覚・聴覚の五感を育むための環境づくりがあると良いでしょう。

秋の自然にふれ、気付きや感性をくすぐろう

秋の自然物は彩りがきれいで、また、直接触れることで、匂いや触感・質感に気付くことも多くあります。製作活動だけでなく、自然そのものに関わり、触れたり、知ったりできる保育環境を考えてみましょう。

● 自然物を素材として使えるように

自然物には、形や色など様々な特性があります。見るだけでなく、素材として直接触れることで感性がくすぐられ、想像力も膨らみます。多様な自然の造形美にふれられる環境を工夫してみましょう。

▶ 輪にした画用紙の上に葉をのせるとお寿司に。

▲ 様々な素材や自然物を使って、子どもが自由に造形活動ができるように「しぜんコーナー」をつくっています。

Good
自然物を様々に活用できるように、いろいろな種類の素材を用意しているのがいいですね。

Good
子どもたちが葉の色合いをお寿司のネタに見立てています。イメージが広がっているのがいいですね。

▲ 金魚すくいのポイをかごに入れて用意しておきました。ポイで葉をすくって遊んでいます。

Good
段ボール箱に葉を入れてすくうだけで、遊びになります。

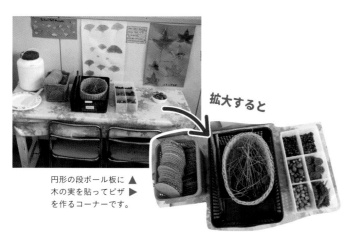

拡大すると

▲ 円形の段ボール板に木の実を貼ってピザ▶を作るコーナーです。

◀ 子どもが、葉に自由に丸シールを貼って顔を作り、掲示しています。

Good
色合いを考え分類して用意されているので、子どもが好きな物を選びながら作れます。

Good
いろいろな形の葉に目を貼るだけでも、子どものイメージが広がります。

● 秋の自然そのものにふれられるように

種やドングリなどから芽が出て生長し、花が咲き、また種ができます。直接触れることで命があることを感じられる保育環境を工夫しましょう。

空き箱を種類別に区 ▶ 切って、ドングリを分類することができます。

▲ 夏に咲いたヒマワリの種取りをした後、瓶に詰めています。

Good

自分が拾ってきたドングリを分類しながら比べる経験ができますね。

Good

ヒマワリの種を取る中で、種がいっぱいあることへの気付き、更に五感を育みます。また、保管するときに透明の瓶に入れているので、量や種の形が一目で分かりますね。

● 秋の自然を知れるように

葉にもいろいろな形や大きさ、色合いや質感の違いがあります。また、雲や天気も日や季節によって変化があります。このように、様々な自然や自然事象の違いにも目を向けることができる保育環境があると良いでしょう。

11
月

◀ 様々な秋の雲の写真を掲示しています。

▲ 廊下に葉の種類クイズを掲示しています。

Good

雲や夕焼けの写真がいろいろあることで、興味をもてる環境になっていますね。

Good

種類によって葉の形が違うことに気付ける工夫ですね。また、廊下に掲示しているので、みんなで共有することができます。

あらかじめキー ▶ ワードを決めておき、そこからイメージした葉を探します。

Good

見つけた葉を子どもたちの感覚で台紙に貼って分類できるところがいいですね。

なるほど！瀧川先生の プチ・レク！

多様な自然にたくさんふれる物的環境を

自然は子どもの気付きや感性をくすぐる宝庫です。１０の姿にも「自然との関わり・生命尊重」がありますが、そのような姿に子どもが育っていくには、自然にふれたり、感じたりすることが様々な機会で積み重ねられていくことが大切です。素材としての自然物の視点だけでなく、命あるもの、生長するもの、変化していくものとしての自然にたくさんふれる保育環境を工夫してみましょう。

秋

音や製作への興味を
深められるようにしよう

1 歳児 **3** 歳児 **4** 歳児 **5** 歳児

11月

音遊びや製作活動は、何度も繰り返すうちに、それまでの体験がつながって、感覚やイメージがより豊かになっていきます。音や製作に積極的に関わっていけるような環境づくりを考えてみましょう。

● 音遊び・楽器遊びを楽しめるように

いきなり楽器指導から入るのではなく、まずは「好きに遊べる」「手に取りやすい」ことを意識した保育環境を用意してみましょう。

とん！とん！

1 歳児

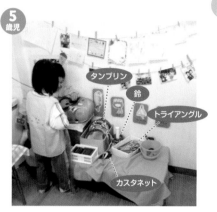

5 歳児

タンブリン

鈴

トライアングル

カスタネット

▲ タンブリンや鈴などの手に取りやすい楽器と一緒に、CDとプレイヤーを環境づくりとして用意すると、ダンスなどの遊びにつながります。

3 歳児

▲ 園庭に様々な種類の太鼓を用意しています。音の違いなどに気付き、音に興味をもてるような工夫です。

▲ たたいて音を鳴らす経験ができるように、缶や箱を布テープで固定して太鼓に見立てています。

Good

乳児は楽器としての音だけではなく、身近な物の音を鳴らして遊ぶ経験が楽器遊びの土台になりますね。

● 製作に使う秋の自然物の用意

秋の自然物を製作に取り入れるとき、「見やすい」「使いやすい」「思わず手に取ってみたくなる」ということを意識して環境づくりをしてみましょう。

◀ 園庭やテラスにラックを設置して用意。木工用接着剤やペン、木の実、枝などを大きめのカゴに入れます。それぞれ写真を貼っているので、何が入っているか見やすいです。

▲ 保育室内に、秋の自然物コーナーを作っています。小分けして置いているので、選びやすくなっています。

Good

子どもたちの興味が膨らみ、「これ、使ってみたい」と意欲が引き出される環境になっていますね。子どもたちと一緒に自然物を小分けにしても楽しいでしょう。

● 素材や用具の用意

製作遊びや活動を深めるために、様々な素材を自分の意思や
イメージで選ぶことができる環境の工夫が必要です。

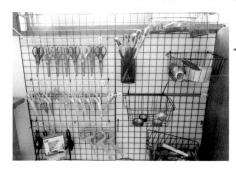

◀ 壁一面に金網を張り、フック
で用具を掛けています。一目
で、何があるか分かる工夫に
なっています。

▲ 色画用紙の切れ端を色分けして置いています。
使いたい色をすぐに見つけられます。

● 製作活動の展開と環境づくり

低年齢では「寄り添う、見守る、一緒にする」ことが人的環境
として大切です。経験を重ねる中で、「友達と一緒のことをする」
「友達とアイディアやイメージを出し合う」ことができる環境
の工夫や、展開を意識すると良いでしょう。

◀ 用途に合わせたサイズに
色画用紙を切り、色分け
をして置いています。

1歳児

「赤がいいんだね」

▲ 保育者が寄り添いながら、
一緒に製作活動を進めます。

5歳児

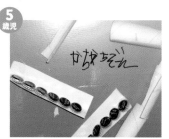

▲ ドングリ転がしで、友達とアイディア
を出し合いながら、「かちかちゾーン」
を作りました。様々な素材を組み合わ
せて、遊びをつくり出していけるよう
な環境を工夫しましょう。

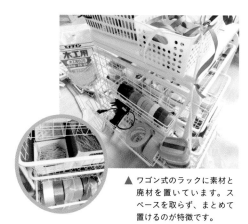

▲ ワゴン式のラックに素材と
廃材を置いています。ス
ペースを取らず、まとめて
置けるのが特徴です。

3歳児

「みんなでうみを
つくろう！」

◀ スズランテープを
友達と一緒にひも
に結び付けていき、
海を作ります。

Good

どんな素材や用具があるのか見てすぐ分かる
環境や、使いやすさ、移動のしやすさなどの
機能性が考えられた環境ですね。

11月

なるほど！瀧川先生の プチ・レク！

音や楽器にふれる環境

指針では0歳児から保育のねらいと内容が示されていますが、その
中に「生活や遊びの中で様々なものに触れ、音、形、色、手触りな
どに気付き、感覚の働きを豊かにする」「生活の中で様々な音、形、
色、手触り、動き、味、香りなどに気付いたり、感じたりして楽しむ」
という文章があります。そのためには、「音に対する気付きや感覚
を豊かにしたり、楽しむ」という経験が大切です。まずは太鼓や
マラカスを「たたく」「振る」のような単純に手を動かす行為で「音」
を楽しめるような環境があると良いでしょう。触ってみる、遊んで
みることができるような環境づくりを心掛けましょう。

製作活動を深めるために

「いろいろな素材に触れたり、選んだりすることができる」「い
くつも、または繰り返し作ることができる」ことを意識した保
育環境づくりが大切です。そして、子どもの内面にあるイメー
ジを、製作活動を通して様々に表現していく楽しさを感じられ
る体験の積み重ねが、「深まり」の土台になります。そのために、
物的環境の工夫、製作する物の工夫を考えると良いでしょう。

秋

遊びを広げたり深めたり できるようにしよう

| 0 歳児 | 1 歳児 | 2 歳児 |
| 3 歳児 | 4 歳児 | 5 歳児 |

12月

安定して過ごせるようになってきた子どもたちは、秋頃から一つの遊びにじっくり取り組んだり、夏前の遊びや活動で経験してきたことを生かしながら、遊びを広げていったり深めていったりするでしょう。そのような子どもたちのための環境の工夫を考えてみましょう。

● いっぱい、いろいろ遊びたい　0 歳児 1 歳児 2 歳児

手先を使いながら、自分でどんどん試したり挑戦したりできるものや、いろいろな環境の素材を用意し、遊びのイメージの幅を広げられると良いでしょう。体を動かす遊びなどでは、ごっこ遊びの要素を取り入れてみましょう。

これでどんな
おりょうりつくろう
かな？

◀ 製氷器や丸く切ったスポンジ、花形ビーズなど、様々な種類を用意します。

みて〜！
いっぱい
くっつけたよ

▲ 洗濯バサミで動物の顔の周りを挟んでいきます。

▲ 三輪車で遊ぶスペースにトンネルや信号を設置して、ごっこ遊びに広がることをねらいとしています。

Good

子どもが、「思わず遊びたくなる」「遊び続けたいと思える」環境になっているところがいいですね。

● こんなこともできるよ　3 歳児

4歳になった子どもも増え、遊びの質が更に高まってくる時期です。夏前よりも遊びは複雑な広がりをもつようになり、イメージも豊かになっていきます。

こおりもあるし、
コーヒーもあるよ！

◀ コーヒー豆（ドングリ）や氷（白いスポンジ）に見立てて遊びます。コーヒーフィルターやドリッパー、製氷器などを用意して、より本物らしく。

いっぱい
つないで
たかくしたよ！

◀ 友達と一緒にブロックを高く積み上げました。

Good

じっくり遊べる場と時間を用意することで、イメージを広げながら遊びを展開していけますね。

● 経験が広がる、深まる ④歳児 ⑤歳児

秋を過ぎると、力を合わせて取り組む姿が増えてきます。共通のイメージをもって役割分担をしたり、イメージをすり合わせたり、気付いたことや考えを伝え合ったりしながらつくり上げます。また、製作や表現活動につながるような絵本を置くのもいいですね。

▲ 絵本を読んでから、自分たちで設計図を作って製作に取り組みました。絵本の世界を製作につないで、自分たちのイメージを形にしていくのがいいですね。出来上がった物を飾ることで、友達と達成感を共有できます。

積み木遊びは友達と ▶ 同じイメージをもって、協力しながら取り組みやすいです。

ひだりから
つんで
いくね！

Good
子どもたちが知恵を出し合い、目当てを共有できるような時間と空間、そしてたくさんの数が用意されているのがいいですね。

12月

● 環境づくりのいろいろな工夫

いらっしゃいませ～！

▲ 子どもたちが秋の素材でたくさん作ったケーキなども、ケーキ屋さんごっこの商品として、遊びに使っています。

その時季に合った絵本 ▶ やカラーコピーしたページを、保育室の入り口近くに掲示しています。

Good
お店屋さんごっこや自然についてのイメージが豊かになるような環境が工夫されていますね。

なるほど！瀧川先生の プチ・レク！

経験を生かす環境づくり

積み木やブロックなどの遊びや、お店屋さんごっこなどでは、これまでの経験が生かされ、ダイナミックな遊びに広がるように意識します。他の遊びや活動、絵本の世界などとのつながりをもたせながら、総合的に展開できるような環境づくりの工夫が大切です。そのためには、量を増やしたり、新たな素材を組み合わせたり、関連する絵本を置いておいたりすると良いでしょう。

秋

12月

友達とつながる遊びの拠点を工夫しよう

園生活を安定して過ごせるようになってきた子どもたちは、様々な遊びを通して友達との関係を豊かにしていきます。その中で遊びを広げていったり、深めていったりできるような保育環境の工夫を考えてみましょう。

●一緒に遊びを楽しめるように

楽しい気分を一緒に感じたり、自分が試しておもしろいと思ったことを伝え合ったりするために、その遊びを楽しめる場を用意しましょう。段ボール板などで作った囲いや、こまや羽子板などの複数の遊び道具を置いてある拠点、いろいろ試すことができる物があると良いでしょう。

子どもが模様を描いた紙▶
をこまに通し、どれがよく回るかを試します。

まわった！

◀段ボール板で囲いを作っておくと、落ち葉を使って風呂遊びが始まりました。

 Good

段ボール板の囲いを風呂に見立てると、落ち葉にまみれて友達と一緒に楽しく遊ぶことができますね。

Good

こま回しを一緒にする中で、「この紙を通したらおもしろい！」など、伝え合う姿が生まれますね。

▲園庭の中央に、こまや羽子板を用意しておきます。

▲大型積み木を園庭で使えるようにすることで、友達と協力して一つの物を作ろうとする姿が見られます。

Good

園庭で好きなときに、友達とこま回しや羽根つきで遊ぶことができますね。また、正月を感じられる工夫ですね。

Good

一緒の場を共有すれば、楽しい思いがつながりますね。

● やり取りが生まれるように

机や大型積み木などがあると、子どもたちが集まる拠点となります。更にやり取りが生まれる場にするには、言葉やイメージを交わせるような物（お店の商品や見立て遊びができる物　など）が必要です。物的環境に誘発されて遊びが広がるように、どのような物を置くかを考えてみましょう。

▲ メニューやケーキなどを作って用意しておいたら、しぜんとケーキ屋さんごっこが始まります。

ままごとコーナーに色画用紙で
▼ 作ったミカンを置いています。

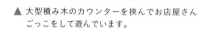

▲ 大型積み木のカウンターを挟んでお店屋さんごっこをして遊んでいます。

Good
大型積み木があることで、子どもたちがスムーズにお店屋さんを開くことができます。

Good
メニューがあることで、注文のやり取りがしやすくなりますね。

Good
ミカンがあるだけで、正月らしさを演出できます。食べるふりをしながらおしゃべりをする中で、5歳児後半ならではのやり取りが生まれます。

● 思いがつながるように

思いがつながる環境では、「もっとこうしたい」「こうした方がいいかも」と自分の気付きや考えを伝えやすくなります。ダイナミックに物を一緒に作り上げていくことができる場、「次はこうしてみたら」と考えて伝え合う場があると、遊びが深まっていきます。

Good
「ここをこうした方がうまくいくよ！」と子ども同士で伝え合いながら遊びが展開していっていますね。

◀ といや台を用意しておくと、自分たちでレールを作り、ドングリを転がして遊べます。

▲ 積み木とドングリを使って街作りをしています。

Good
クラスみんなの思いがつながったことで、積み木遊びから街作りへと発展していきました。

12月

なるほど！瀧川先生の プチ・レク！

遊びの拠点づくりを工夫する

友達と遊ぶためには、遊びの内容だけでなく、遊びの拠点（場）の工夫が大切です。一緒に遊びを楽しむ場、やり取りが生まれる場、思いやイメージがつながる場になるよう工夫しましょう。遊びの楽しさが共有されることで、友達の考えやイメージに触発されたり、試したり工夫したり、協力し合ったりすることができます。遊び方の工夫のしがいのある環境づくりを意識しましょう。

生活・文化

町や地域、行事に親しむ きっかけをつくろう

4歳児 **5歳児**

園生活にも慣れてきた頃、園の外に目を向けて、地域の資源や文化、自分たちの町に親しみを感じたり、理解を深めたりできるような様々な活動や取り組みをしてみましょう。そのための保育環境について、年間に渡って考えていきましょう。

●地域の自然から、自分たちの町への興味へ

園生活において、散歩や地域探検などで、地域の自然や自分たちの町への興味が広がるような保育の内容が必要になります。

> イヌがたくさんいるところをはっけん！

拡大すると →

5歳児

▲ 自分たちの町を探検して、見つけたことや気付いたことを模造紙にマップとして描いて掲示しました。

5歳児

▲ 近所に植えたサツマイモの、苗から収穫までの過程を掲示物にしています。

4歳児

> おおき〜い！

▲ 散歩で大きな葉っぱを見つけたので、スクラッチをして遊びました。実物と一緒に保育室前に掲示しています。より近所の植物に目を向けるきっかけになるでしょう。

5歳児

> ツバメさんがいっぱいいたよ！

▲ 散歩でたくさんのツバメが飛んでいるのを発見。いろいろな素材の紙でツバメと町の風景を作り、保育室に掲示しています。

Good

見つけたこと、気付いたことを遊びや製作に取り入れて、振り返ったり、再現したりできるような保育環境が整えられています。

● 地域文化や伝統行事にふれる

地域文化や伝統行事にふれる機会は、実際にその活動を体験したり見学したりすること以外に、掲示物、コーナー展示などでも実現できます。

▲ 七草がゆの説明とともに、七草それぞれの解説も写真付きで掲示しています。

▲ 行事にまつわる絵本をまとめて展示しています。そばには、ひな祭りについての掲示物を貼っています。

▲ 地域の情報（新聞の切り抜きや写真）を園の入り口に掲示しています。保護者と共有できる工夫になっています。

Good 写真やイラストを使ったり、絵本を置いたりして掲示することで、分かりやすい工夫になっていますね。

● 世界の文化にふれる

園生活の中で、地域のことだけでなく、世界の国々についてもふれることができる環境があると、子どもたちの世界の捉え方が広がります。

▲ アジア圏内の絵本コーナーをつくっています。海外の絵本や、海外翻訳されている日本の絵本を置いています。

12月

▲ 手作りのウオールポケットに、世界各地の旅行パンフレットを入れています。更に、そばに地球儀を置くことで、興味のある国を探すことができる工夫がされています。

▲ 世界の楽器コーナーです。国名と楽器の名前を、楽器と一緒に設置しています。

Good 手に取って、見たり、聞いたり、探したりと、楽しみながら世界に目を向けられる保育環境が整えられていますね。

なるほど！瀧川先生の プチ・レク！

地域の文化や自分たちの町に親しむことから始まる

3歳以上児の領域「環境」の「内容」の中に、「我が国や地域社会における様々な文化や伝統に親しむ」「生活に関係の深い情報や施設などに興味や関心をもつ」が入っています。私たちは、それぞれの町や地域の生活文化、季節の行事にふれながら成長していきます。各園もその地域の一員だとすれば、保育内容も、それぞれの地域性を踏まえていく必要があります。そのためには、園生活を通してそれらを知っていく、親しんでいくことから始まり、それがやがて10の姿の「社会生活との関わり」を意識した取り組みに深まっていく可能性があります。

そのための保育環境とは？

まずは、子どもたちが地域の中で見つけた物、気付いたことを基に、それらを活用した保育環境をつくってみましょう。そのような保育環境があると、子どもたちは地域の中で体験したことを振り返って、親しみを感じたり、気付きを広げたりします。また、絵本や掲示物などを活用して、「知らせていく」「興味や関心を寄せる」ことができる保育環境もあると良いでしょう。園生活に慣れ、安心して過ごせるようになってくるこの時期だからこそ、地域や世界の文化、伝統行事にふれて、子どもたちの気付きや発見を広げていきましょう。

Chapter ④ 冬
Winter

一年間を振り返り、先を見通す

2月後半から3月にかけて大事にしたいことは、春の訪れを感じること、クラスで過ごした一年間を振り返ること、年長児であれば春以降の生活を見通すことです。一年間の振り返りを活動として取り組み、それを掲示して物的環境の一部とすることで、体験してきたことをつないで捉えることができます。また、春を感じる絵本や一年生をテーマにした絵本を保育環境として用意することで、春の訪れや春以降の生活を見通していくこともできます。

タイトルのキーワードや #遊びのキーワード から、
春の環境づくりに役立つヒントを見つけて遊びに反映させましょう。

Chapter 4

冬の #遊びのキーワード

冬

手作り玩具

● 好奇心・探究心が育まれるように 81
● 経験をより豊かなものにできるように 86

積み木

● 数・量に親しみ、関心をもてるように 73
● 挑戦できるように 80

ままごと

● 季節感・日本の伝統文化にふれる 70
● 一緒に遊ぶ楽しさを感じられるように 80
● 活動が豊かに展開できるように 87

ごっこ

● 季節感・日本の伝統文化にふれる 70
● 意図的な文字や言葉の環境 72
● 一緒に遊ぶ楽しさを感じられるように 80
● 卒園・就学に向けて意欲が湧くように 83
● 活動が豊かに展開できるように 87

園庭

● 羽根突き・すごろく 70
● たこ作り・たこ揚げ 71
● こま遊び 71
● 一緒に遊ぶ楽しさを感じられるように 80
● 好奇心・探究心が育まれるように 81
● 同じ場を共有できるように 84
● 経験をより豊かなものにできるように 86
● 関わりが更に深まるように 86

色水

● 遊びのイメージが広がるように 81

光

● 遊びのイメージが広がるように 81

絵本

● 節分・ひな祭り 71

製作

● 季節感・日本の伝統文化にふれる 70
● たこ作り・たこ揚げ 71
● 節分・ひな祭り 71
● いろいろな形に親しみ、関心をもてるように 73
● 好奇心・探究心が育まれるように 81
● 仲間意識を育み、就学への期待が高まるように 82
● 卒園・就学に向けて意欲が湧くように 83
● 一年間を振り返る 83
● 思い出をみんなで振り返る 85

砂・泥

● 関わりが深まるように 84

自然

● 文字を活用した環境 72
● いろいろな形に親しみ、関心をもてるように 73
● 冬の自然を見つけられるように 78
● 育てる中で気付きを促せるように 79
● 自然への視野を広げられるように 79
● 好奇心・探究心が育まれるように 81
● 春への期待が膨らむように 82
● 関わりが更に深まるように 86

文字・数・形

● 意図的な文字や言葉の環境 72
● 文字を活用した環境 72
● いろいろな形に親しみ、関心をもてるように 73
● 数・量に親しみ、関心をもてるように 73
● 育てる中で気付きを促せるように 79
● 経験をより豊かなものにできるように 86

冬 1月

伝統行事にふれる豊かな経験ができるようにしよう

0歳児 1歳児 2歳児 3歳児 4歳児 5歳児

年明けから年度末に向けて、正月、節分、ひな祭りと日本の伝統文化にふれる行事が毎月のように続きます。それぞれの行事の意味を踏まえながら、何を子どもたちに感じてほしいのか、体験を通して何を知ったり気付いたりしてほしいのかを考えて、環境を構成していきましょう。

● 季節感・日本の伝統文化にふれる

地域性や園の保育理念などの違いによって、取り組み方が変わってきます。だからこそ、地域に根ざし、子どもたちに文化として伝えていきたいことは何かを考えて、環境づくりをする必要があります。

おせちりょうり、おいしそう〜！

▲ 赤・白・黄・緑の玉入れの玉をお節料理の具材に見立てて遊びます。本物の重箱を使うことで、より正月らしくなります。

◀ 一人ひとりの絵馬を飾ります。

しめなわって、こうやってつくるんだって！

◀ 玄関など、子どもの目にふれる場所に飾っておき、興味をもったときに自分たちで作れるように、材料を準備しておきましょう。

Good
その地域の生活や文化に根ざした保育にするために、保育者が用意する環境、ごっこ遊びの環境、製作ができる環境などを構成しているところがいいですね。

● 羽根突き・すごろく

羽根突きを楽しむには、羽根をゆったり動くものにしたり、うちわを羽子板にして突きやすくしたりするなど、環境の工夫があると良いでしょう。また、全身を使って遊べる手作りのすごろくも楽しいです。

Good
子ども同士が関わり合って、笑い声がいっぱい生まれる環境ですね。

▲ 低年齢児でも遊べるように、風船で羽根突きをします。

なにがでるかな？

▲ 大きなサイコロを振って、自分自身が動いて進みます。

●たこ作り・たこ揚げ

園では、自分でたこを作って遊ぶことが多いですね。作った たこが浮かんだり、飛んだりする楽しさをより感じるために は、本物のたこや保育者の作ったよく揚がるたこを置いて おいたり、更には、子どもたちが２作目以降も作れるように 材料を準備するなど、余裕をもって環境づくりをしましょう。

Good
低年齢児は保育者と一緒に簡単なものを、年長児は仕組みを考えながら作るなど、協力してみんなで作ることができる環境がいいですね。

「どこに
はる？」

▲ 保育者の援助の下、シール貼りを
楽しんでいます。

「みんなで
つくったたこ、
とぶかな？？」

「ぼくのたこ
あがった！」

●こま遊び

発達に応じたこま遊びができるように、指先を使って回すものや、全身を使ってひもで回すものなど、いろいろなこまを準備してみましょう。

「まわった！」

◀ 園庭に枠付きの板を置いて
おきます。外でも、こまで
遊べる工夫ですね。

「どれに
しようかな？」

「あれ？
まわらない」

様々なこまに触れられるように、い▶
ろいろな形や模様のこまを用意して
います。好きなこまを選んで挑戦し
ます。

Good
色や模様のきれいさを感じたり、繰り返し挑戦しようとしたりするなど、発達に応じていろいろな楽しさを感じられるのがいいですね。

●節分・ひな祭り

「みて！
おにのあしあと！
なんで？」

鬼の足跡を床に残して▶
おきました。子どもは
鬼について絵本で調べ
始めました。

▲ 作ったおひなさまをどのように
飾るか工夫することも、環境づ
くりの一つといえます。

1月

なるほど！ 瀧川先生の プチ・レク！

季節に応じた伝統行事にふれる機会を！

各地域には、長年にわたって培われ、伝えられてきた文化や伝統があります。園での日々の保育と関連性をもたせることで、園児が地域の文化や伝統に十分にふれる豊かな体験をすることができます。そのため、領域の「環境」には「季節により自然や人間の生活に変化のあることに気付く」という内容が示されています。

季節に応じた遊びを取り入れることの意味

羽根突き、たこ揚げ、こま回しなどは、いつでもふれることができる遊びです。加えて、羽根突きには「子どもの厄払いの意味が込められている」など、その意味や由来を子どもやご家庭に伝えていくことも、地域に根ざした園の役割です。そのためには、保育室や玄関ホールでの環境づくりの工夫や伝統行事の絵本などを活用すると良いでしょう。

文字・数・形への感覚を育もう

1歳児 2歳児 3歳児 4歳児 5歳児

文字・数・形はワークブックなどで学ぶだけでなく、日常生活にたくさん隠れています。そこで、遊びや活動を通してそれらに親しめるように、意識的に環境づくりをしてみましょう。

● 意図的な文字や言葉の環境

文字や言葉に関する環境には、「親しむ」「関心をもつ」「使う」「詳しく知る」「新たな世界を知る」などがありますが、子どもの興味に合わせて環境づくりをしていく必要があります。

3歳児 4歳児 5歳児

▲ 階段スペースを利用して、手話の挨拶を絵カードで掲示しています。

5歳児

▲ 手紙ごっこができるように、五十音表とはがきの書き方の見本を机に敷いています。

Good
ただ五十音表を置くだけではなく、手紙ごっこなど、自分で意図的に使ってみることができる環境になっているのがいいですね。

● 文字を活用した環境

文字を知った子どもたちは、自分たちで書きながら活用していくことが楽しくなります。「何かを伝えたい」という動機が生まれる環境の工夫があると良いでしょう。

ダンゴムシはエビとカニのなかまなんだよ！

▲ ダンゴムシについて、調べて気付いたことを友達に伝えられるように、コルクボードに貼れる工夫をしています。

◀ 子どもたちが発見したことを、「はっけんかあど」に書いて掲示できるようにしています。

Good
子どもたち自身が「伝えたい」という必要感を感じて、文字などで表現していますね。このような保育環境の工夫で、"言葉のもつ意味"を感じていくことができますね。

●いろいろな形に親しみ、関心をもてるように

生活や遊びの中には、いろいろな形が存在します。いろいろな形に関心をもてる環境を意識しながら考えてみましょう。

▲ 切り紙をして遊んだ後に、裏からセロハンを貼って、窓に飾っています。偶然にいろいろな形ができるところが、切り紙への関心につながります。

1歳児

▲ マグネットボードに丸、三角、四角に切った磁石を貼って、構成遊びができる環境づくりになっています。いろいろな形を作って遊ぶことができます。

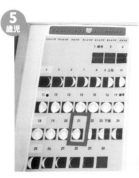

5歳児

▲ 月の満ち欠けの表を掲示しています。今日の月の形を赤で囲っています。

Good
自分で作る形、自然界の変化する形など、いろいろな形に関心をもてる環境になっていますね。

●数・量に親しみ、関心をもてるように

幼児期は、数的感覚、量的感覚が芽生えるので、それらが結び付いていく物的環境の工夫が必要です。

2歳児

これはここ！

◀ 製氷器の仕切りに一つずつ、丸く切ったスポンジやボンテンを入れています。量的感覚の芽生えを促します。

4歳児

ボトルキャップと段ボール板に数字を書き、パズルのように数字を合わせて遊ぶことができます。

5歳児

１こ、２こ…

▲ 箱の中に１０個のボトルキャップを貼り、ビー玉を入れられるようになっています。数と結び付くように、数字を書いた写真を箱の前に置いています。

Good
既製の物だけではなく、製氷器やボトルキャップを活用した手作りの環境を工夫していますね。子どもの関心に合わせて、いろいろと作り変えていきましょう。

5歳児

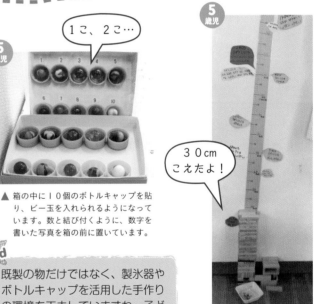

３０cm
こえたよ！

▲ 積み木の高さが分かるように、色画用紙で長さを示しています。子どもたちがどこまで積んだかを目印で表しています。

1月

なるほど！瀧川先生の　プチ・レク！

文字・数・形などへの関心・感覚を育む

１０の姿でも「遊びや生活の中で、数量や図形、標識や文字などに親しむ体験を重ねたり、標識や文字の役割に気付いたりし、自らの必要感に基づきこれらを活用し、興味や関心、感覚をもつようになる」とありますが、これはもともと領域「環境」のねらい・内容に示されてきたことです。その内容の取扱いに「日常生活の中で幼児自身の必要感に基づく体験を大切にし」とあるように、これらの関心・感覚を育むためには、子ども自身が「使いたい」「知りたい」という必要感を感じることが基盤になります。

そのための保育環境とは？

「数字が分かる」「足し算ができる」という以前に、数・量的な感覚を豊かにしていくことが、また、「ひらがなが書ける」という以前に「文字感覚」「言葉感覚」を豊かにすることが小学校教育の土台になります。そのためには、物的環境を工夫していくことが大切です。日常的に目にしたり、自分で手を動かして遊んだりできる保育環境があることで、数量や形に対する感覚、文字や言葉に対する感覚が体感的に育っていきます。

冬 1月 自分で生活を進める力を発揮できるようにしよう

3歳児 4歳児 5歳児

園生活もあと3か月。生活の流れも見通しをもって過ごせるようになってきた子どもたちにとって、生活を営む力が育ってきているかを改めて意識してみましょう。そのための保育環境の工夫を考えてみましょう。

●生活の流れに見通しをもてるように

時計やボードなど視覚的に分かりやすい環境があると、子どもたちが意識的に一日の生活の流れを見通して自分たちで進めることができます。

3歳児 4歳児 5歳児

5歳児

▲ 時計の下に、何時に何をするかを掲示しています。

Good
時計の写真とともに時間と活動内容を1列に掲示することで、生活の流れに見通しをもちやすくなりますね。

▲ ホワイトボードに、集まる時間とできる遊びの種類が書かれています。

Good
各クラスで、好きな遊びの見通しがもてるようになっていますね。

●生活の場を整えられるように

当番の仕事も自分たちで進めることができるようになってきた時期ですが、改めて何をどのようにするかを視覚的に分かりやすくすると、確認にもつながります。また、ごみの分別も見て分かる掲示物があると、ごみの分別についての理解を再確認する機会になります。

当番の仕事の流れを▶
掲示しています。

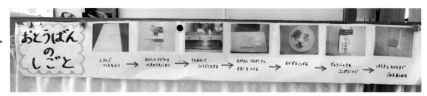

Good
当番の仕事では何をどのような手順ですれば良いかを、写真を使って分かりやすく示していますね。

リサイクルに興味がもてる▶
よう、「プラ」マークについて掲示しています。

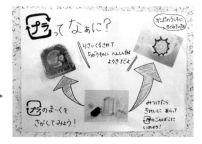

Good
ごみの分別の意味をクイズ形式で楽しく理解できる工夫です。

●生活習慣を見直すことができるように

冬場になると水も冷たくなり、手洗いやうがい、歯磨きが雑になる子どももいるかもしれません。習慣として身についてきたことを掲示物などを利用して、再確認すると良いでしょう。

拡大すると

▲ 歯のどの部分を磨くのかを色で示して、歯磨きの順番を掲示しています。

Good 歯磨きの手順が一つずつ、大きく示されています。

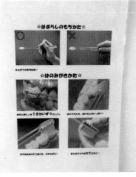

▲ 歯ブラシの持ち方や磨き方を写真で掲示しています。

拡大すると

Good 実際に歯ブラシを持っているところを写真に撮っているので、リアリティがあり伝わりやすいですね。柄が透明の歯ブラシを使うことで、より分かりやすくなっています。

▲ 食器の正しい並べ方をイラストで掲示しています。

Good 習慣として身についてきた食器の並べ方を再確認できるようになっています。掲示物を利用して、なぜそのように置くと良いのかを話し合ってみるのもいいですね。

1月

1月だからこそ…

◀ 伝統行事を通して、改めて日本の食生活・食文化にふれられるように、フェルトで作ったお節料理を置いています。

姿見があることで、ふだんの生活の中で自分を客観的に、意識的に見ることができます。実際の自分を見る機会になります。▶

なるほど！ 瀧川先生の プチ・レク！

「見て分かる」環境を工夫する

生活を営む力は、自分で意識して生活を進める力ともいえます。それは日々の繰り返しの習慣の中で育っていきます。経験の積み重ねで分かったり、できるようになったりしてきたことを、新年だからこそ改めて子どもたちが自覚的に再確認しながら生活を進めていけるように「見て分かる」環境を工夫してみると良いでしょう。そのことによって、子どもたちが主体的に見通しをもって自分たちで生活を進めていく意欲を育むことにつながります。

冬 2月 保護者に園生活を伝えよう

子どもたちの園での様子が分かるような掲示物や、園で大切にしている保育の営みを保護者に伝えるための工夫を考えてみましょう。

● その日の保育を伝える掲示物

保護者は、自分の子どもがその日、園でどのように過ごしたかを知ることで、安心感・信頼感をもちます。一日の保育を保護者に伝える環境づくりを意識してみましょう。

▲ 3・4・5歳児の共用スペースに、登園時から日案を掲示しています。

◀ お知らせボードを園全体の共用スペースに置いています。ホワイトボードに、その日の保育を書いた紙を貼ります。また、保護者により伝わるように、実物の展示もします。

Good

今日はどんなことをするのか、それらの活動にどんな意図があるのかを知ることができますね。また、送迎で保育室まで保護者が入る場合はノートを使ったり、玄関ホール前にその日の保育の様子を伝えるボードを置いたりしても良いでしょう。

● 月ごとの活動の様子や取り組みを伝える掲示物

子どもの遊びの様子や育ちは、月ごとにまとめることで見えてくることがたくさんあります。

2歳児クラスの保育室前に掲示。▶ 一日の生活の流れになじみ安定している様子を、登園から降園までの写真を使って、時系列に紹介しています。

◀ 保育室前に、毎月の遊びや生活の様子を1枚の模造紙にまとめて掲示しています。

Good

一日の生活の流れや様子、遊びをまとめたドキュメンテーションは、子どもの姿がよく伝わり、保護者の安心感・信頼感につながります。

● 保護者との双方向性の掲示物

子どもたちの様子を伝えるだけでなく、保護者にも情報をもらったり、書き込んでもらったりすることで双方向性が生まれます。

Good

掲示物による情報共有は、保護者とのコミュニケーションの発展につながります。保護者も自分の地域について考えたり、季節感に気付いたりすることで、家庭での子育てにも生きてきますね。

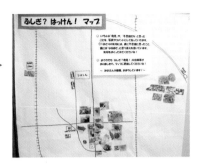

◀ 周辺地域での「不思議」や「発見」を写真に撮って貼ったり、コメントを書き込んだりすることができます。

◀「秋といえば…」というテーマで、落ち葉の形に切った色画用紙に、保護者にも書き込んでもらって掲示します。

● 保育の意図を伝える掲示物

保護者参観や作品展などの機会に、保育室環境としての遊具や遊びの意図を伝えていく工夫があると良いでしょう。

拡大すると

Good

登降園時に保護者が保育室に入ることができる園ばかりではありません。行事を生かして保護者に保育の意図を伝えることができる掲示物を作ってみましょう。また、家庭でできる簡単な遊びや、園全体の取り組みとして大事にしていることを伝えられるといいですね。

こんな工夫も…

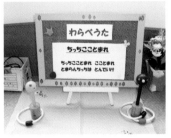

◀ 0歳児の保育室前で、わらべうたの紹介をしています。家庭でも子どもと一緒に遊べるように工夫しています。

◀ 玄関ホールに、全園児の手形スタンプで作った大きな木を掲示しています。園全体の一体感を感じることができますね。

なるほど！瀧川先生の　プチ・レク！

日々の様子を伝える

保護者にとっては、園で子どもたちがどのように過ごしているのか気になるところです。また、園にとっても、保護者に園での様子を積極的に伝えていくことは、保護者支援の第一歩になり、信頼関係を築いていくために必要な取り組みです。文字や写真を使った掲示物やドキュメンテーションで、保育中の子どもの様子を伝えていくことで、園の保育の意図や育てていきたいところを伝えることができます。

自園の保育の理解者になってもらうために

掲示物で情報共有するだけでなく、双方向性がもてるように、コメントや気付きを書いてもらったり、保護者から様々な情報を得たりするような掲示の在り方も工夫のしどころです。更には、保育室内に入ってもらう機会に、それぞれの保育環境（遊具や遊び）の意図などが見て分かるように実物を展示するなどの工夫があると良いでしょう。

2月

冬ならではの自然に親しめるようにしよう

3歳児　4歳児　5歳児

木々や草花、生き物、果物や野菜など、冬の自然には春や秋とは違う姿が見られます。
冬ならではの自然の姿を意識して、保育環境の工夫を考えてみます。

●冬の自然を見つけられるように

園内、公園などの冬の自然へ意識を向けられる環境づくりを工夫
してみましょう。自然物を集めるだけではなく、写真や絵などの
掲示も有効です。意図的に探す活動が生まれるような保育環境を
心掛けましょう。

▶ 散歩時にグループで見つけた
自然物を、それぞれトレイに
入れています。

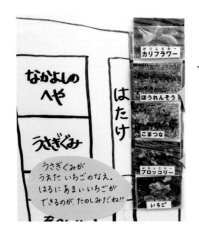

 ◀ 園庭マップの畑部分にクリアポケットを貼り、
そこで見られるいろいろな野菜の芽の写真を
入れています。

Good
どの場所にどの野菜の芽が
生えているかがすぐに分か
ります。子ども同士で気付
きを共有し、また見に行け
る環境ですね。

Good
他のグループと見比べられる
ように、1か所にまとめて置
いているのがいいですね。

▲ 園庭にある木などを描いて図鑑風に
まとめています。

▲ 園外保育で見つけた自然を1枚の
紙にまとめて掲示しています。

▲ 園庭にいるサナギの写真をクイズ
形式にして掲示しています。

Good
図鑑風にすることで、改
めて意識的に園庭の自然
へ目を向けることができ
ます。

Good
園外保育で発見した自然を
保育室に掲示することで、
戸外での散策への興味につ
ながりますね。

Good
子どもが園庭にいるさなぎ
に意識を向けられるような
工夫です。

● 育てる中で気付きを促せるように

植物などを育てる経験の中で、いかに気付きを引き出すかを意識した環境づくりが大切です。それらの変化に気付ける環境を工夫すると良いでしょう。

Good

子どもたちの目にふれる所に手作りのビニールハウスを設置しているので、生長の様子が分かります。

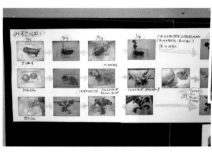

▲ ニンジンやダイコンなどを水栽培しているそばに、それぞれの生長の経過を写真で掲示しています。

Good

実際に目の前で起きている変化を写真で見える化しているのがいいですね。

▲ 冬は植物を手作りのビニールハウスで育てています。

いろいろな柑橘類の大きさ ▶ を意識しながら棚の上に並べています。

Good

大きさや形、色合いを見比べたり、重さを量ったりできるように量りを置いているのがいいですね。

● 自然への視野を広げられるように

少しでも自然への視野を広げられるように、自然と生活の関連や氷や光、風などの自然の事物・事象にも関心を向けられる環境を工夫すると良いでしょう。

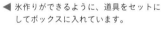

◀ 氷作りができるように、道具をセットにしてボックスに入れています。

Good

子どもたちが自由に氷作りをできるスペースが確保されているのがいいですね。

▲ 様々な柑橘類と一緒に、ネットに皮を入れた匂い袋も用意しています。

Good

匂い袋を用意することで、実物を見ながらどのような匂いがするのかを嗅ぐことができます。

なるほど！瀧川先生の　プチ・レク！

「触れる」「感じる」「気付く」環境づくりの工夫

１０の姿の「自然との関わり・生命尊重」を育むためには、自然に直接触れる体験や動植物の生長・変化について感じ、経験を四季折々に日常的に積み重ねることが大切です。環境づくりにおいては、「触れる」「感じる」「気付く」のキーワードを基に直接関わるだけでなく、写真や掲示物といった物も活用すると良いでしょう。

2月

冬 2月

新たな楽しさを発見できる工夫をしよう

0歳児 1歳児 2歳児 3歳児 4歳児 5歳児

年度末に近づくにつれ、子どもたちの遊びはますます主体的、意欲的になっていきます。これまでの経験を通してできることも増えて、深まりも生まれ、挑戦したり、探究したりしていく姿も多く見られます。そんな子どもたちのための保育環境の工夫を考えてみましょう。

●一緒に遊ぶ楽しさを感じられるように

つながったり、共にできたりするものがあるからこそ、子ども同士で遊ぶ、群れて遊ぶことができます。子どもたちが場を共有できるような拠点となる物があると良いでしょう。

「みんなでままごとたのしいね！」

▲ 大きめのテーブルを用意して、みんなで座れるような空間をつくっています。

「ぼく、うんてんしゅ！」

▲ たくさんの段ボール箱を置いていると、積み重ねて乗り物に見立てて遊んでいました。

ソフト積み木を自分たちで積み重ねて、お店屋さんに見立てて遊びます。▶

「これください！」

Good 一緒の場で楽しい体験を重ねることが、人間関係を育むのにとても大切ですね。

●挑戦できるように

数をたくさん用意することで目当てをもって協力したり、遊ぶ中でイメージや目当てが広がったりします。そのような物的環境があると、子どもたちのいろいろな挑戦が始まりますね。

「みてみて～！すごい！てんじょうまでとどいたよ！」

「てっぺんまでつめたー!!」

▲ プラカップを円形に並べて積んだら、次は反対向きに積むことに挑戦しました。

「こんどは、うえにむけて、ならべていこう！」

◀ 紙コップをピラミッド状に積んでいきます。友達と共通の目当てをもって、協力していきます。

友達と一緒に、積み木を高く積み上げることに挑戦しました。▶

Good 「並べる」「積む」ような遊びは、子どもが目的意識をもって遊ぶ経験につながりますね。

● 遊びのイメージが広がるように

ふだんあるものをひと工夫することで、遊びのイメージが
広がるようなきっかけになるといいですね。

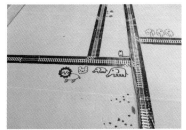

ピックを
いれてみよう

きれい〜！！

◀ 段ボール板に貼ったマスキングテープを線路に見立てて、動物などの絵を描きながら、イメージを広げて遊びます。

▲ 色水を入れた容器に様々な素材を入れます。光を当て、壁などに映すと、素材の見え方の変化を確認できます。

◀ 子どもが小型ブロックで野菜を作りました。野菜畑をイメージして置いておくと、イメージがより広がって遊びにつながります。

Good
意図的にイメージを広げるきっかけになる環境や、自分のイメージを形にしていける環境があるのがいいですね。

● 好奇心・探究心が育まれるように

いろいろ創り出したり、試したりできる環境があると、
しぜんと子どもたちに問いが生まれて、好奇心・探究
心が育まれていきます。

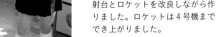

つぎはここで
あそんでみよう

◀ 段ボール箱に、つないだ牛乳パックや箱、紙芯などのレールを立て掛けます。いろいろなレールで試しながら、ボールを転がして遊びます。

◀ 空気砲の原理を使ったロケット発射台とロケットを改良しながら作りました。ロケットは4号機まででき上がりました。

▲ 小型ブロックのたくさんのパーツと広いスペースを用意しました。パーツを組み合わせて、どうやったらよく回るか考えながらこまを作りました。

▲ アゲハチョウのサナギがどこで見つけられるか、クイズにして掲示しています。

2月

Good
子どもたちの工夫の跡が見えたり、いろいろ試したりすることができる環境ですね。また、季節の生き物を探索する仕掛けも保育環境としていいですね。

なるほど！ 瀧川先生の プチ・レク！

思わず遊びたくなるとは？

子どもは目新しい遊具・玩具が好きです。しかし、いつも新しく用意できるわけではありません。その一方、ずっと同じ保育環境では飽きてきたり、雑に扱ったりする場面も生まれます。そこで、同じ遊具・玩具、素材でも、イメージを膨らませたり、いろいろ試したりできるような環境づくりを意識すると、目新しさを感じたり、新たな楽しさを発見したりすることができるでしょう。

計画的に環境を構成するとは？

要領・指針などによると、計画的な環境の構成をするために、「一人一人の行動の理解と予想に基づき」「人やものとの関わりが重要であること」を踏まえる必要があります。また、「子どもの活動が豊かに展開されるよう」ともあります。つまり、これまでの遊びや活動の経験を生かしながら、遊びの理解と予想をしていくことが大切です。遊びのイメージが広がったり、新たな遊びが生まれたりするように、少しの工夫から始めると良いでしょう。

進級・卒園への期待感が高まるようにしよう

4歳児 5歳児

3月は、どの年齢の子どもにも様々な期待感が生まれる季節です。子どもにとって節目となる進級・卒園の時期は、少しずつ暖かさを感じる春になっていくことに気付く時期でもあります。

● 春への期待が膨らむように

3月は、春の訪れへの期待が膨らむような保育環境を用意すると良いでしょう。
その際、掲示物や写真、絵本などを活用することができます。

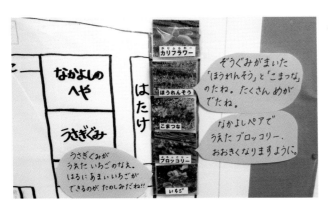

◀ 畑に植えた様々な栽培物の写真を掲示しています。保育者のコメントも吹き出しにして一緒に貼っています。

Good

これから見られる植物や、自分たちが種まきをした栽培物がどうなっていくのか、期待をもてるような環境ですね。

● 仲間意識を育み、就学への期待が高まるように

5歳児

卒園に向けての部屋飾りを自分たちで作ることで、仲間意識や就学への期待につなげます。それらを卒園まで掲示し続けておくというのも、保育環境として意識したいことです。

手形スタンプをして桜の木を表現したり、自画像を描いたり、小学校で頑張りたいことを書いたりして
▼ 掲示しています。

子どもたちが考えたクラスの言葉のそばには、色画用紙で作った自分の顔を
▼ 1枚の紙に貼って掲示しています。

Good

協同性とともに、他児への愛情や信頼感が育まれてきた年長児ならではの取り組みですね。保育環境の一部として掲示することで、心に強く響くでしょう。

●卒園・就学に向けて意欲が湧くように 5歳児

仲間意識が育ってきた年長児、園の中で一番のお兄ちゃん、お姉ちゃんになった年長児だからこそ、就学に向けての期待感をもてる保育環境・人的環境を意識すると良いでしょう。

がっこうごっこしよう！

◀ この時期に物的環境としてランドセルを用意しておくと、学校ごっこにつながり、就学に向けての気持ちも高まります。

保護者からの応援メッセージを、子どもの手形や絵と一緒にクラスの入り口に掲示しています。▼

▲ 子どもたちが通う小学校区の地図を掲示しています。地域の名前などは、ひらがなに書き換えています。

◀ 人的環境（異年齢の関わり）の視点では、卒園していく年長児が、次の年長児のために、保育室に進級を祝う壁面を作る取り組みをしています。

Good

人的環境としては、周りの大人や年少・年中児との関わりの中で、自己認識・誇りが心に育っていきますね。また、学校ごっこや自分たちの町の地図を通して、小学校への期待感も高まるでしょう。

● 一年間を振り返る

この一年間に体験したことやこだわってきたことを振り返り、再確認・再認識していくことも大切にしたいですね。月ごとや季節ごとに掲示することで、時間の流れを意識した保育環境になります。

▲ 園で育てた野菜や、園庭や散歩で見つけた虫などの絵を描いて、季節ごとに並べて模造紙に貼っています。掲示することで、四季の変化を感じながら、一年を振り返ることができます。

▲ 正月にカルタ遊びに取り組んだ経験を生かして、クラスで過ごした一年間を振り返りながら「まつぐみカルタ」を1月に作りました。作ったカルタで遊び、3月は掲示をしています。

Good

卒園・就学に向けての期待だけでなく、取り組みへの誇りや自信を育むことにもつながりますね。

3月

なるほど！瀧川先生の プチ・レク！

期待や誇りを育む保育環境の工夫を

保育環境を用意し、活動に取り組む中で育んでいきたいのは、「大きくなったことへの誇り・自信」「春以降の生活に対する期待」です。そのためには、保護者に応援メッセージを書いてもらって掲示することや、次年度の年長児のためにお祝いの壁面を作ることなどを通して、人の役に立つ喜びを感じることがとても大切です。そのような取り組みができるような保育環境を、ぜひ考えてみてください。

冬 3月 仲間とのつながりを感じられるようにしよう

一年間の節目の3月。子どもたち自身がこのクラスで良かったと感じたり、春に向けての様々な期待感が生まれたりする季節です。そのための保育環境の工夫を考えてみましょう。

● 同じ場を共有できるように

平行遊びから徐々に仲間意識が育まれてくる時期、こまやブロック、積み木などでも一緒に遊ぶ姿が見られます。そのための空間を確保し、段ボール箱など、大きく組み合わせることができる物があると同じ場を共有できます。

▲ 手回しこまを自分たちのスペースで回して遊んでいます。

Good
ゆったりと同じ場を共有しながら、友達と遊べるスペースが確保されています。

▲ たくさんの段ボール箱を使って友達と遊んでいます。

Good
自分たちで組み合わせたり見立てたりする中で、しぜんな関わりが生まれ、楽しい思いを共有できますね。

● 関わりが深まるように

仲間と共に遊ぶことの楽しさを感じられるようになってきた子どもたちにとっては、共に作る、協力し合う経験ができる遊びや活動を積極的に行なうと良いでしょう。

▲ たくさんのブロックを二人でつないで遊んでいます。

Good
二人で長くつないで遊べる量のブロックが用意されているのがいいですね。

▲ 塗り絵をした国旗のカードを使って、メモリーゲームをしています。

Good
机上でルールのある遊びができる環境が用意されていると、関わってやり取りをしながら遊ぶ楽しさを感じられますね。

▲ 砂場遊びの環境として、雨どいや塩ビ管などが用意されています。

Good
砂場遊びでも雨どいや塩ビ管があると、関わりが生まれ、それをどうやって使おうかとイメージや考えが共有されるきっかけになりますね。

●クラスみんなを再認識できるように

友達と積極的に関わりながら、友達の良さや一緒に過ごす楽しさに気付く子どもたち。自分たちの写真を掲示したりカードにしたりして、自己認識や他者認識ができる環境づくりを工夫しましょう。

◀ 色画用紙一面に、クラス全員の子どもの写真を貼って掲示しています。自分や友達を探すことができます。

Good
子どもが自分だけでなく、クラスの友達を再認識できる仕掛けになっています。

▲ 4月から1月までの間で身長・体重がどれくらい増えたかを書いています。中面には今の写真、表紙には赤ちゃんのときの写真を貼っているので、「これはだれかな？」などと、当てっこして遊ぶこともできます。

Good
自分の成長だけでなく、クラスの友達の成長を一緒に感じられたり、仲間意識が高まったりしますね。

●思い出をみんなで振り返る

過去のドキュメンテーションを室内や廊下に掲示したり、子ども同士で思い出を伝え合ったりする遊びや活動があると「みんなで振り返る」経験ができます。

Good
子ども同士が協力し合いながら一年間を振り返り、どんなことをしたかなどをすごろくにして仕上げていきます。これを通して、友達と思い出を共有していくことができます。

拡大すると

▲ グループに分かれて一年間の思い出を振り返りながら、すごろくを作って遊びます。

▲ クラスの思い出の写真を色画用紙に貼って掲示しています。

Good
余白をあえて残していることで、子どもが絵や言葉を付け足すことができます。保育者が作り込まない点がいいですね。

3月

4月から毎月作っていたドキュメンテーション。
▼ 3月には一年分を全て掲示しています。

Good
子どもたち自身がいつ、どのような体験をしたかを振り返ることができます。

なるほど！瀧川先生のプチ・レク！

つながりを感じられる環境づくりの工夫を

保育の営みは、一人ひとりの良さを生かした集団形成の中で行なわれます。その中で、互いに必要な存在であることを感じ、人と関わる力が育っていきます。そのようなことを様々な遊びや活動を通して育ててきた子どもたち。改めて仲間意識を感じたり、再認識したりできる保育環境として、写真や過去のドキュメンテーションの活用やつながりが意識できる遊びの環境を用意すると良いでしょう。

冬 3月

経験や活動、友達との関係が豊かになるようにしよう

0歳児 1歳児 2歳児 3歳児 4歳児 5歳児

園にもすっかり慣れ、見通しをもって主体的に生活できるようになってきた子どもたち。年度末に近づくにつれ、「お兄ちゃん・お姉ちゃん」になった自分に自信や誇りをもって生活を営んでいることだと思います。最後は、この一年間どのような環境構成を意識してきたかを振り返ってみましょう。

● 経験をより豊かなものにできるように

4月初めの頃から比べると、興味も広がって遊びや活動の質に変化も見られます。経験したことのある遊びの環境にバリエーションを加えたり、新たな経験ができるような保育環境を意識してみたりするのも良いでしょう。

0歳児

5歳児

> つぎはどれにしようかな？

▲ 自分たちでルールのある遊びを展開できるように用意します。数や記号の認識ができるようになったからこそ、遊びが展開できます。

1歳児

> みて〜、じょうずでしょ！

▲ 少し難しいことに挑戦できる環境があるからこそ、何度もチャレンジして、自分の体をコントロールする力が育ちます。

> ころがしてみようっと！

▲ 同じ転がし遊びでも、ボールやレールなどの素材や、室内・園庭などの場にバリエーションを加えることができます。

● 関わりが更に深まるように

仲間と共に遊ぶことの楽しさを感じられるようになってきた子どもたちにとっては、共に作ったり、協力し合ったりする経験ができる遊びや活動を、積極的に行なうと良いでしょう。

> まて、まて、まて〜!!

フープ一つで、1歳児も関わり合って遊ぶようになってきました。 ▶

> ほら、むしがいるでしょう？

▲ 2歳児クラスと5歳児クラスの異年齢交流で、一緒に遊びました。

● 活動が豊かに展開できるように

この 一年間で遊びもダイナミックに、人との関わりもより豊かになってきた子どもたち。自分たちが主体的に遊び
を進めていけるように、そして、その中で活動が豊かに展開できるように、遊びや活動の環境を考えてみましょう。

2歳児

みそラーメン
つくろう！

▲ クラスのある子が、ままごとコーナーでラーメンを作り始めたことが
きっかけで始まったラーメン屋さんごっこ。最初はままごと遊びの一つ
でしたが、少しずつ本格的に保育環境として工夫していきました。

ラーメン屋さんグッズも環境としてそろえます

◀ 発泡容器に油性フェルトペン
で模様を描いています。

▲ 毛糸を麺に見立てています。

◀ のり、ネギ、ナルト、タマゴを
フェルトで作っています。

なるほど！ 瀧川先生の プチ・レク！

どんな環境づくりを意識してきたか？

保育所保育指針の第 1 章総則には、保育の方法や保育環
境について説明されています。また、幼稚園教育要領や認
定こども園教育・保育要領でも、第 1 章を中心として同
様に書かれています。それらを図式にまとめてみましたの
で、自己チェックしてみましょう。

基本となる養護的環境
（情緒の安定）

遊びの豊かさとともに、
関係の豊かさを育む

自己発揮でき、
自発性をもち、意欲的に
活動できる

① 安心・安全・衛生的で、
情緒の安定した
生活ができる環境

⑥ 子どもの活動が
豊かに展開される
環境

**子ども理解に基づいた
意図的・計画的な
環境づくり**

② 自己を十分に発揮し、
いきいきと
活動できる環境

⑤ 自ら周囲の子どもや
大人と関わっていける
環境

④ 様々な経験を
重ねていけるような
環境

③ 自発的、意欲的に
関われるような
環境

領域のねらいや、
その活動を通して
経験したり、
育てたりできる

チェックポイント

「環境を通して行なう」ことが保育の基本です。そ
のため、子ども理解に基づいた意図的・計画的な環
境づくりが求められます。ここでは、その要素を 6
つのグループに分けてみました。

① 養護的な環境として「安全・安心・衛生的な環境」と「安
定した情緒が図られる環境」を整えられましたか？

② 「自己発揮でき、自発性をもち、意欲が発揮できる」環
境という視点をもてましたか？

③ 保育者が用意した環境の中で、子どもたちはいきいきと
活動したり、自発的・意欲的に環境に関わって活動した
りできていましたか？

④ 設定保育（一斉活動）や好きな遊び（自由遊び）を通し
て、「5 領域のねらいや、その活動を通して経験したり、
育てていきたいことを意識した環境」を整えられました
か？　そのためには、保育内容や保育方法に即した環境
づくりも大切です。また、その遊びや活動が豊かに展開
されていく中で、ねらいが総合的な視点であるかを意識
しましょう。

⑤ 「遊びや活動の豊かさとともに、関係の豊かさを育むた
めの保育環境」という視点を十分にもてましたか？

⑥ 人と物との関わりが豊かになるような保育環境とはどん
な環境でしょうか？

3月

著者

瀧川光治（たきがわ　こうじ）

大阪総合保育大学　教授
専門分野は、保育方法学・保育内容学・教育方法学
日本保育学会　理事
日本乳幼児教育学会　理事
尼崎市子ども・子育て審議会　座長
伊丹市教育委員会　教育委員
西脇市就学前教育・保育の質の向上推進委員会　座長　など

主な著書

『「幼児期の終わりまでに育ってほしい姿」（10の姿）と重要事項（プラス5）を見える化！　10の姿プラス5・実践解説書』共著　ひかりのくに
『手がるに園内研修メイキング みんなでつくる保育の力』共著　わかば社
『保育の学び・ファーストステップ』共著　青踏社
『保育者論（新・基本保育シリーズ）』共著　中央法規出版　など

撮影協力園・協力者　※園名は撮影当時のものです。

●大庄保育所／兵庫県尼崎市	●荒井幼稚園／兵庫県高砂市
●塚口保育所／兵庫県尼崎市	●伊保幼稚園／兵庫県高砂市
●築地保育所／兵庫県尼崎市	●曽根幼稚園／兵庫県高砂市
●こばと保育所／兵庫県伊丹市	●米田幼稚園／兵庫県高砂市
●西保育所／兵庫県伊丹市	●あかつき保育園／大阪府堺市
●ひかり保育園／兵庫県伊丹市	●かなおか保育園／大阪府堺市
●荻野保育所／兵庫県伊丹市	●きらり保育園／兵庫県神戸市
●桜台保育所／兵庫県伊丹市	●みんなのき Hana 花保育園／京都府宇治市
●ささはら幼稚園／兵庫県伊丹市	●みんなのき黄檗こども園／京都府宇治市
●住吉乳児保育所／大阪府大阪市	●みんなのき木幡こども園／京都府宇治市
●深井こども園／大阪府堺市	●みんなのき三室戸こども園／京都府宇治市
●重春幼稚園／兵庫県西脇市	●池島幼稚園／大阪府東大阪市
●甲良東保育センター／滋賀県犬上郡	●玉串幼稚園／大阪府東大阪市
●みはら大地幼稚園／大阪府堺市	●阿武山たつの子認定こども園／大阪府高槻市
●ゆらこども園／和歌山県由良町	●州見台さくら保育園／京都府木津川市
●レイモンド湘南保育園／神奈川県茅ケ崎市	●庄内こどもの杜幼稚園／大阪府豊中市
●レイモンド向日保育園／京都府向日市	●たちばな幼稚園／大阪府門真市
●レイモンド庄中保育園／愛知県尾張市	●常磐会短期大学付属茨木高美幼稚園／大阪府茨木市
●レイモンド大藪保育園／滋賀県彦根市	●豊津第一こども園／大阪府吹田市
●レイモンド南蒲田保育園／東京都大田区	●仁川ウエル保育園／兵庫県宝塚市
●れもん保育園／和歌山県紀の川市	●日吉幼稚園・ひよしおひさま保育園／大阪府高槻市
●あおぞら幼稚園／大阪府泉南市	●錦織幼稚園／大阪府富田林市
●栄町こども園／大阪府豊中市	●杭瀬幼稚園／兵庫県尼崎市
●てしまこども園／大阪府豊中市	●七松幼稚園／兵庫県尼崎市
●てらうちこども園／大阪府豊中市	●常磐会短期大学付属常磐会幼稚園／大阪府大阪市
●とねやまこども園／大阪府豊中市	●第2長尾保育園／大阪府枚方市
●服部こども園／大阪府豊中市	●青木一永／社会福祉法人檸檬会
●庄内こども園／大阪府豊中市	

※本書は、『月刊 保育とカリキュラム』2016年4月号〜2017年3月号、2017年4月号〜2018年3月号掲載の「すぐに取り入れたくなる 保育の環境づくり」、2018年4月号〜2019年3月号掲載の「まねしたくなる！子どもの成長を支える 保育の環境づくり 3・4・5歳児」をまとめ、単行本化したものです。

STAFF

- ●本文イラスト／赤川ちかこ
- ●本文デザイン／太田吉子
- ●校正／株式会社文字工房燦光
- ●企画・編集／三宅 幸・北山文雄

保カリBOOKS54

0〜5歳児 春夏秋冬 環境づくり すぐに使える378のアイディア

2021年1月　初版発行
2023年1月　第5版発行

著　者　瀧川光治

発行人　岡本 功

発行所　ひかりのくに株式会社

〒543-0001　大阪市天王寺区上本町3-2-14
TEL06-6768-1155　郵便振替00920-2-118855

〒175-0082　東京都板橋区高島平6-1-1
TEL03-3979-3112　郵便振替00150-0-30666

ホームページアドレス　https://www.hikarinokuni.co.jp

印刷所　大日本印刷株式会社

©Koji Takigawa 2021
乱丁、落丁はお取り替えいたします。

Printed in Japan
ISBN978-4-564-60949-7
NDC376　88P　26×21cm